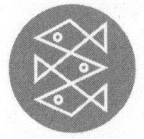

Schwere Zeiten für die Demokratie: Die Politik der Angst bestimmt die öffentliche Debatte, es herrscht Hysterie und Wut, obwohl wir in der sichersten und reichsten Gesellschaftsform leben, die es je gegeben hat. Es ist Zeit, den verrückten Marsch nach rückwärts aufzuhalten. Dieses Buch zeigt, wie das geht.

Harald Welzer, geboren 1958, ist Direktor von FUTURZWEI. Stiftung Zukunftsfähigkeit und Mitbegründer der Initiative Offene Gesellschaft. Er lehrt Transformationsdesign an der Europa-Universität Flensburg und Sozialpsychologie an der Universität Sankt Gallen. In den Fischer Verlagen sind von ihm zuletzt erschienen: ›Selbst denken‹ (2013), ›Autonomie. Eine Verteidigung‹ (zus. mit Michael Pauen, 2015) sowie ›Die smarte Diktatur. Der Angriff auf unsere Freiheit‹ (2016). Seine Bücher sind in 21 Ländern erschienen. Harald Welzer ist Mitbegründer der Initiative »Die Offene Gesellschaft«, die mit zahlreichen Aktionen, Konzerten und Perfomances bundesweit Furore macht.

Weitere Informationen finden Sie auf www.fischerverlage.de

HARALD WELZER

WIR SIND DIE MEHRHEIT

FÜR EINE OFFENE GESELLSCHAFT

FISCHER Taschenbuch

Originalausgabe

Erschienen bei FISCHER Taschenbuch
Frankfurt am Main, April 2017

© 2017 S. Fischer Verlag GmbH,
Hedderichstr. 114, D-60596 Frankfurt am Main

Satz: Dörlemann Satz, Lemförde
Druck und Bindung: CPI books GmbH, Leck
Printed in Germany
ISBN 978-3-596-29915-7

So wenig sich die Deutschen genügend darüber im Klaren sind, was für eine Errungenschaft die Bundesrepublik gegenüber früheren Jahrhunderten deutscher Geschichte bedeutet, so wenig ist sich die jetzige Generation der Europäer bewusst, welche Leistung es war, Europa so weit zu bringen, wie es heute ist.

Fritz Stern, Historiker

Seien wir ehrlich. Wer braucht hier noch so etwas wie Literaten?

Asli Erdogan, Schriftstellerin

Wofür soll man denn stehen
Wenn man alles auf sich sitzen lässt
Und trotzdem ständig danebenliegt
Wohin soll es gehen?

Faute Couture, Rapper

Inhalt

Ein Tiefpunkt und ein Höhepunkt
der politischen Kultur

Am Abend des 19. Dezember 2016 ermordete der islamistische Terrorist Anis Amri auf dem Weihnachtsmarkt an der Berliner Gedächtniskirche 12 Menschen und verletzte mehr als 50 weitere, zum Teil schwer. Noch vor Tagesfrist und lange bevor die Tatumstände auch nur annähernd klar waren, twitterte der AfD-Politiker Pretzell: »Wann schlägt der deutsche Rechtsstaat zurück? Wann hört diese verfluchte Heuchelei endlich auf? Es sind Merkels Tote!« Wenig später nutzte der bayerische Ministerpräsident Seehofer seine stehend vorgebrachte Trauerrede für die folgende Mitteilung: »Wir sind es den Opfern, den Betroffenen und der gesamten Bevölkerung schuldig, dass wir unsere gesamte Zuwanderungs- und Sicherheitspolitik überdenken und neu justieren.« Menschen wie Pretzell und Seehofer, so lässt sich unschwer erkennen, fehlt jeder Anstand, ja sogar das ganz normale moralische Grundgerüst, das wir voneinander in modernen Gesellschaften erwarten. Wer jede auch noch so dramatische und entsetzliche Begebenheit nur als Gelegenheit betrachtet, daraus politisch Kapital zu schlagen, disqualifiziert sich selbst für jede Tätigkeit, in der man Verantwortung für andere tragen muss. Solche Leute kann man nicht wählen, das ist sonnenklar. Seehofer, der ja im Unterschied zum hetzenden Pretzell ein Amt bekleidet, bildet den personifizierten

Tiefpunkt der politischen Kultur der heutigen Bundesrepublik Deutschland.

Ich glaube, in hysterisierten Zeiten wie diesen muss man sich gelegentlich an ganz einfache Grundsätze halten und sich vergewissern, dass man Dinge, wie sie Pretzell und Seehofer tun, schlicht und ergreifend nicht tut. Wer Anschuldigungen vornimmt und politische Forderungen stellt, bevor auch nur entfernt geklärt ist, wer was wie warum getan hat, macht den Eindruck, er habe direkt auf den Anschlag gewartet und sich dafür schon vorab munitioniert. Das gehört nicht in eine aufgeklärte politische und moralische Kultur; schon deshalb nicht, weil man die Opfer als Objekte politischer Ausbeutung missbraucht.

Der moderne demokratische Verfassungsstaat setzt bei seinen Bürgern eine Übereinstimmung auch darüber voraus, was nicht abstimmbar ist – Vertrauen, Verantwortung, Gemeinwohl. Das sind moralische Grundvoraussetzungen, die das soziale Leben grundieren, ohne dass es dafür Gesetze gibt. Im Moment erleben wir eine chronische Verletzung solcher Grundvoraussetzungen, und man muss sich davor hüten, sich an so etwas zu gewöhnen. Dann nämlich verliert man den moralischen Kompass, der gerade in krisenhaften Zeiten nötiger ist als in ruhigeren.

Damit ist schon umrissen, was ich in diesem kleinen Buch erzählen möchte – dass wir in einer Gesellschaft leben, die uns allen die Freiheit eröffnet, sie nach unseren Bedürfnissen und Wünschen mitzugestalten, die uns aber auch die persönliche Verantwortung auferlegt, aktiv für diese Gesellschaft einzutreten und sie zu schützen, wenn sie angegriffen wird. Und im Augenblick wird sie so massiv angegriffen wie noch nie in der Nachkriegsgeschichte.

Da sind zum einen die islamistischen Terroristen, die alles andere wollen als eine offene Gesellschaft und dafür Menschen ermorden, scheinbar wahl- und ziellos, wie auf dem Berliner Weihnachtsmarkt. Aber Terror ist, auch wenn es sich merkwürdig anhören mag, vor allem Kommunikation: Gerade mit der Beliebigkeit der Orte und der Opfer, mit der Unberechenbarkeit des nächsten Anschlags und in der Verachtung ihres eigenen Lebens erzeugen Terroristen Ängste, die Vertrauen zersetzen. Ihre Gewalttaten sind kalkulierte Inszenierungen, die die politische Aufmerksamkeit auf Fragen der Sicherheit zentrieren und zugleich attraktiv auf Verführbare wirken: Wie muss man sich als kleiner Dschihadist wohl fühlen, wenn – wie nach den Anschlägen von Paris und Brüssel – Flughäfen geschlossen und Innenstädte von Metropolen leergefegt werden? Grandios – wenn man es als spätpubertärer junger Gewalttäter hinkriegen kann, eine komplette Gesellschaft, die man hasst, in Angst und Schrecken zu versetzen.

Daraus kann man zwei Lehren ziehen: Die erste ist frustrierend und lautet, dass es gegen Terror keinen absoluten Schutz gibt. Punkt. Die zweite ist schon erfreulicher: Man kann Terrorismus am besten bekämpfen, indem man aufhört, den Mördern öffentliche Bühnen zu bauen. Man muss schlicht damit aufhören, endlos die Gesichter und Namen durch die Medien zu jagen, die

Überwachungsvideos zu zeigen, die Taten wieder und wieder zu dokumentieren. Denn genau das macht die Mörder unter ihresgleichen zu Helden, und an nichts könnten wir weniger interessiert sein als daran.

Und da sind ihre scheinbaren Gegner: die Pretzells und Seehofers und eine erstaunlich große Zahl von politischen Aktivisten weltweit, aber leider auch in Europa, die die offene Gesellschaft und den demokratischen Verfassungsstaat ablehnen und autoritäre Gesellschaftsformen herbeiwünschen, in denen »national« gedacht wird. Was meistens »nationalistisch« bedeutet. »Nationalistisch« denken heißt: biologische Unterschiede zwischen Menschen machen, »echte« Deutsche von »Kopftuchmädchen« und überhaupt von Leuten »mit Migrationshintergrund« zu unterscheiden. Es bedeutet, dass kein gleiches Recht für alle gilt, dass Minderheiten ausgegrenzt und unterdrückt, nicht selten auch verfolgt und getötet werden, und dass statt Recht Willkür herrscht.

Das 20. Jahrhundert hat uns mit dem Nationalsozialismus, dem Sowjetsystem und einigen anderen mörderischen staatlichen Experimenten darüber belehrt, wie gewalttätig nichtdemokratische Gesellschaften sind oder jederzeit sein können. Und ein Blick in die Türkei, aber auch nach Polen oder nach Ungarn zeigt uns darüber hinaus in Echtzeit, was es bedeutet, wenn man unter autoritären Regimen versucht, eine eigene Meinung zu äußern: Man verliert seinen Job, man wird bedroht, diffamiert oder, wie in der Türkei, verhaftet. Wer kann sich solche Verhältnisse wünschen?

Die Antwort: alle Freiheitsfeinde. Und damit sind wir schon beim wichtigsten Punkt: Freiheits- und Demokratiefeinde der unterschiedlichsten Erscheinungsformen brauchen einander innig: Der Radikale, der gegen die »Islamisierung des Abendlandes« wettert, braucht die islamistischen Terroristen genauso wie die die »Kreuzritter«, die angeblich gegen die Rechtgläubigen kämpfen; die Neurechten und ihre bürgerlichen Bewährungshelfer brauchen die Ängste, um sie als ihr politisches Kapital vermehren zu können. Genauso wie die Terrororganisationen den Hass und die Repression der Gegenseite brauchen, um ihre Behauptung unter Beweis zu stellen, man befinde sich im Krieg mit den Ungläubigen. Wenn die »Ungläubigen« das dann auch noch sagen: Man befinde sich im Krieg – umso besser. Beide Gruppen sind sich in vielerlei Hinsicht ähnlich: Beide verachten sie Demokratie und Pluralismus, beide trennen sie die Menschen in gut und böse sowie in zugehörig und nicht-zugehörig, beide sehen sich im Krieg und beide lieben sie Hass, Angst, Manipulation, Ausgrenzung, Wut und Gewalt. Sie bauen sich gegenseitig die Bühne, auf der sie sich dann als die Retter vor den jeweils anderen inszenieren können. Was bedeutet: Gäbe es die einen nicht, blieben die anderen ganz unbedeutend.

Da wir gegen den islamistischen Terror nur sehr langfristig etwas ausrichten können, sollten wir ihm zunächst das Widerlager wegnehmen, das ihm Stabilität verleiht: also unsere eigenen Freiheitsfeinde. Das ist ganz einfach: Man wählt sie nicht. Oder man wählt sie ab. Tatsächlich gibt es keinen erkennbaren Grund, weshalb bei der nächsten Bundestagswahl im September eine neurechte Partei über die 5-Prozent-Hürde kommen sollte. Die Umfragen sagen etwas anderes? Klar, aber Umfragen sind keine Wahlen, sie entscheiden nichts. Die von den etablierten Parteien gehen alle davon aus, dass die Rechten 14 oder 15 Prozent kriegen? Klar, aber nur weil sie Talkshowfeiglinge sind, die sich hinterher von Anne Will nicht vorhalten lassen wollen, dass sie deren Wählerpotential unterschätzt haben. Mal ehrlich: Wie kann ich denn als Politikerin oder Politiker einer etablierten Partei allen Ernstes *nicht* das Ziel ausgeben, dass man nichtdemokratische Parteien am Einzug in den Bundestag hindern will? Das ist doch selbst Ausdruck mangelnder politischer Kultur und Courage und sagt den Kampf schon ab, bevor der Ring überhaupt eröffnet ist.

Dabei sind hierzulande die Voraussetzungen dafür, die Freiheitsfeinde von den Parlamenten fernzuhalten, ganz ausgezeichnet. Denn in Deutschland wählt die Mehrheit ja weit überwiegend Volksvertreterinnen und -vertreter, die sich dem Grundgesetz, also der Freiheit und dem Recht verpflichtet fühlen, und die Mehrheit ist auch bereit, für die Rechte von Minderheiten – etwa von Asylbewerbern, von misshandelten Kindern, von Obdachlosen, von Gewaltopfern und anderen mehr – einzutreten.

Eine Studie der Friedrich-Ebert-Stiftung hat im Sommer 2016 die Einstellungen der Deutschen untersucht und festgestellt, dass vier Fünftel die Aufnahme von Flüchtlingen »gut« (56 %) oder »teils-teils« gut (24 %) finden. 77 % waren der Meinung, dass es der Gesellschaft gut gelinge, die Situation zu bewältigen. Allerdings sind Vorurteile gegenüber Asylsuchenden angestiegen, von 44 % im Jahr 2014 auf 50 % 2016. Neuere Studien zeigen auch eine sinkende Zustimmung zur Flüchtlingspolitik. Auffällig ist eine deutlich stärkere Verbreitung von menschenfeindlichen Vorurteilen in Ostdeutschland sowie unter Anhängern der AfD (88 %).

Haltungen und Gefühle gegenüber Geflüchteten hängen weniger vom Einkommen oder anderen soziodemographischen Merkmalen ab als vielmehr von der politischen Grundhaltung. Insbesondere unter den potentiellen Wählern der AfD sind ablehnende Einstellungen gegenüber Geflüchteten weit verbreitet, während bei den Anhängern aller anderen etablierten Parteien und auch den erklärten Nichtwählern eine positive Grundhaltung zur Aufnahme von Geflüchteten überwiegt. Die Befragten mit einer generell negativen Haltung zu Geflüchteten sind auch gegenüber anderen Gruppen (Sinti und Roma, Fremde generell) feindlich eingestellt und stimmen rechtsextremen Auffassungen deutlich mehr zu. Besonders auffällig ist, dass die Radikalisierung von Einstellungen in der Gruppe der AfD-Anhänger sich im Zeitverlauf intensiviert hat, was sich in der Normalbevölkerung aber nicht spiegelt.

Den eindrucksvollsten Nachweis für ihre demokratische Haltung hat die deutsche Bevölkerung angetreten, als sie auf den rapiden Anstieg der Flüchtlingszahlen im Sommer 2015 so reagierte, wie sich jede Gemeinschaftskundelehrerin und jeder Geschichtslehrer das wünscht: Lernziel erreicht! Eine Gesellschaft gerät unter Stress, und die Bürgerinnen und Bürger überlegen nicht lange, sondern kommen spontan ihrer Verantwortung nach, organisieren praktische Hilfe, sammeln Kleider und Geld und machen darüber hinaus etwas ganz und gar Unglaubliches: Sie heißen die Ankommenden willkommen, demonstrativ, human, menschenfreundlich.

Das war für mich der Höhepunkt der politischen Kultur, die gelebte Antithese zu den Tiefpunktpolitikern. Ich war in jenen Wochen unglaublich stolz auf die Bevölkerung meines Landes, ja, habe zum ersten Mal tief empfunden, dass dies mein Land ist. Ein Freund von mir hat die damalige Stimmung so auf den Punkt gebracht: »Selbst Leute wie ich, von denen ich nie gedacht hätte, dass sie sich mal so engagieren könnten, tun das – toll!«

Sehr vielen ging es so: sich plötzlich als jemand zu erleben, der sich einsetzt, wo es nötig ist, ganz neue Fähigkeiten an sich entdeckt, auch Rollen spielen kann, die im normalen Berufsalltag nie gefragt gewesen sind. Wenn in einer eigentlich höchst unaufgeregten und eher langsamen Stadt wie Flensburg sich von 80 000 Einwohnerinnen und Einwohnern sage und schreibe 10 000 ehrenamtlich in der Flüchtlingshilfe engagieren und den Bahnhof in eine superprofessionelle Anlaufstation

Hbf Flensburg Herbst 2015: Gute Menschen.   Foto: Michael Staudt

für alle Geflüchteten auf dem Weg nach Dänemark und Schweden machen, dann ist das nichts anderes als eindrucksvoll, ja, geradezu sensationell. Und als die dänische Regierung die Grenze dichtmachte, reihten sich eine Menge dänische Bürgerinnen und Bürger in die Flüchtlingshilfe ein, um deutlich zu machen, dass sie nicht derselben Auffassung wie ihre Regierung waren. Und halfen den Flüchtlingen, nach Schweden zu kommen.

So war es in vielen Städten des Landes, und das war: aktives *Eintreten für die Offene Gesellschaft*. Und zwar, ohne auch nur einen einzigen Gedanken daran zu verschwenden, dass dies jetzt »Eintreten für die Offene Gesellschaft« war. Die meisten machten das einfach, weil

17

sie es für nötig hielten und weil sie die Möglichkeiten dazu hatten. Wie es ein Handwerksmeister sagte, der Flüchtlingen beibringt, wie man Fahrräder repariert: »Warum mache ich das? Weil ich es kann!«

Das ist das ganz selbstverständliche und in der Regel unausgesprochene Ethos der Offenen Gesellschaft. Die meisten Menschen teilen es, nicht weil sie es bewusst gelernt haben, sondern weil sie in einer solchen Gesellschaft aufgewachsen sind, sie ganz real erfahren haben. Denn die Offene Gesellschaft ist keine Wunschvorstellung und keine Fiktion. Auch keine Utopie. Nicht Multi-Kulti, win-win, ein ewiger Ponyhof, wo alle gut zueinander sind und es niemals regnet. Die Offene Gesellschaft gibt es: Sie ist der demokratische Verfassungsstaat, ihre modernste Verfassung bis heute ist das Grundgesetz von 1949. Das Grundgesetz regelt das Zusammenleben aller Deutschen, egal welcher Herkunft sie sind, es schützt die Einzelnen vor Willkür, Not und Unrecht, es erlaubt ihnen unabhängig von ihrem Vermögen oder ihrer Gesundheit Teilhabe, und es sieht vor, dass der Staat als Sozialstaat Daseinsvorsorge betreibt.

I. Die Grundrechte (Auszug)

Artikel 1

(1) Die Würde des Menschen ist unantastbar. Sie zu achten und zu schützen ist Verpflichtung aller staatlichen Gewalt.

(2) Das Deutsche Volk bekennt sich darum zu unverletzlichen und unveräußerlichen Menschenrechten als Grundlage jeder menschlichen Gemeinschaft, des Friedens und der Gerechtigkeit in der Welt.

(3) Die nachfolgenden Grundrechte binden Gesetzgebung, vollziehende Gewalt und Rechtsprechung als unmittelbar geltendes Recht.

Artikel 2

(1) Jeder hat das Recht auf die freie Entfaltung seiner Persönlichkeit, soweit er nicht die Rechte anderer verletzt und nicht gegen die verfassungsmäßige Ordnung oder das Sittengesetz verstößt.

(2) Jeder hat das Recht auf Leben und körperliche Unversehrtheit. Die Freiheit der Person ist unverletzlich. In diese Rechte darf nur auf Grund eines Gesetzes eingegriffen werden.

Artikel 3

(1) Alle Menschen sind vor dem Gesetz gleich.

(2) Männer und Frauen sind gleichberechtigt. Der Staat fördert die tatsächliche Durchsetzung der Gleichberechtigung von Frauen und Männern und wirkt auf die Beseitigung bestehender Nachteile hin.

(3) Niemand darf wegen seines Geschlechtes, seiner Abstammung, seiner Rasse, seiner Sprache, seiner Heimat und Herkunft, seines Glaubens, seiner religiösen oder politischen Anschauungen benachteiligt oder bevorzugt werden. Niemand darf wegen seiner Behinderung benachteiligt werden.

Artikel 4

(1) Die Freiheit des Glaubens, des Gewissens und die Freiheit des religiösen und weltanschaulichen Bekenntnisses sind unverletzlich.

Artikel 5

(1) Jeder hat das Recht, seine Meinung in Wort, Schrift und Bild frei zu äußern und zu verbreiten und sich aus allgemein zugänglichen Quellen ungehindert zu unterrichten. Die Pressefreiheit und die Freiheit der Berichterstattung durch Rundfunk und Film werden gewährleistet. Eine Zensur findet nicht statt.

Artikel 6

(1) Ehe und Familie stehen unter dem besonderen Schutze der staatlichen Ordnung.

Artikel 7

(1) Das gesamte Schulwesen steht unter der Aufsicht des Staates.
(2) Die Erziehungsberechtigten haben das Recht, über die Teilnahme des Kindes am Religionsunterricht zu bestimmen.

Artikel 8

(1) Alle Deutschen haben das Recht, sich ohne Anmeldung oder Erlaubnis friedlich und ohne Waffen zu versammeln.

Artikel 9

(1) Alle Deutschen haben das Recht, Vereine und Gesellschaften zu bilden.

Artikel 10

(1) Das Briefgeheimnis sowie das Post- und Fernmeldegeheimnis sind unverletzlich.

Artikel 11

(1) Alle Deutschen genießen Freizügigkeit im ganzen Bundesgebiet.

Artikel 12

(1) Alle Deutschen haben das Recht, Beruf, Arbeitsplatz und Ausbildungsstätte frei zu wählen. Die Berufsausübung kann durch Gesetz oder auf Grund eines Gesetzes geregelt werden.

Artikel 13

(1) Die Wohnung ist unverletzlich.

Artikel 14

(1) Das Eigentum und das Erbrecht werden gewährleistet. Inhalt und Schranken werden durch die Gesetze bestimmt.

(2) Eigentum verpflichtet. Sein Gebrauch soll zugleich dem Wohle der Allgemeinheit dienen.

Artikel 16

(1) Die deutsche Staatsangehörigkeit darf nicht entzogen werden. Der Verlust der Staatsangehörigkeit darf nur auf Grund eines Gesetzes und gegen den Willen des Betroffenen nur dann eintreten, wenn der Betroffene dadurch nicht staatenlos wird.

(2) Kein Deutscher darf an das Ausland ausgeliefert werden. Durch Gesetz kann eine abweichende Regelung für Auslieferungen an einen Mitgliedstaat der Europäischen Union oder an einen internationalen Gerichtshof getroffen werden, soweit rechtsstaatliche Grundsätze gewahrt sind.

Artikel 16a

(1) Politisch Verfolgte genießen Asylrecht.

(2) Auf Absatz 1 kann sich nicht berufen, wer aus einem Mitgliedstaat der Europäischen Gemeinschaften oder aus einem anderen Drittstaat einreist, in dem die Anwendung des Abkommens über die Rechtsstellung der Flüchtlinge und der Konvention zum Schutze der Menschenrechte und Grundfreiheiten sichergestellt ist. Die Staaten außerhalb der Europäischen Gemeinschaften, auf die die Voraussetzungen des Satzes 1 zutreffen, werden durch Gesetz, das der Zustimmung des Bundesrates bedarf, bestimmt. In den Fällen des Satzes 1 können aufenthaltsbeendende Maßnahmen unabhängig von einem hiergegen eingelegten Rechtsbehelf vollzogen werden.

Artikel 17

Jedermann hat das Recht, sich einzeln oder in Gemeinschaft mit anderen schriftlich mit Bitten oder Beschwerden an die zuständigen Stellen und an die Volksvertretung zu wenden.

Artikel 18

Wer die Freiheit der Meinungsäußerung, insbesondere die Pressefreiheit (Artikel 5 Abs. 1), die Lehrfreiheit (Artikel 5 Abs. 3), die Versammlungsfreiheit (Artikel 8), die Vereinigungsfreiheit (Artikel 9), das Brief-, Post- und Fernmeldegeheimnis (Artikel 10), das Eigentum (Artikel 14) oder das Asylrecht (Artikel 16a) zum Kampfe gegen die freiheitliche demokratische Grundordnung mißbraucht, verwirkt diese Grundrechte. Die Verwirkung und ihr Ausmaß werden durch das Bundesverfassungsgericht ausgesprochen.

Artikel 19

(1) Soweit nach diesem Grundgesetz ein Grundrecht durch Gesetz oder auf Grund eines Gesetzes eingeschränkt werden kann, muß das Gesetz allgemein und nicht nur für den Einzelfall gelten. Außerdem muß das Gesetz das Grundrecht unter Angabe des Artikels nennen.
(2) In keinem Falle darf ein Grundrecht in seinem Wesensgehalt angetastet werden.

Dass eine solche Offene Gesellschaft auf der Basis des Grundgesetzes funktioniert, sieht man daran, dass bei uns seit 70 Jahren Frieden herrscht (was geschichtlich eine extreme Ausnahme und nicht den Normalfall darstellt), dass sie alle Krisen überstanden hat, ohne dass die gesellschaftliche Ordnung selbst in Frage stand (was geschichtlich eine extreme Ausnahme und nicht den Normalfall darstellt) und dass sie gigantische Projekte wie die deutsche Wiedervereinigung gemeistert hat oder meistern wird, wie die Energiewende. Seit es die Offene Gesellschaft gibt, ist das durchschnittliche Bildungsniveau ebenso gewachsen wie der Wohlstand und die Lebenserwartung. Und die individuelle Freiheit, auch was die Wahl der Lebensformen und Lebensweisen angeht. Kurz: die Offene Gesellschaft ist die zivilisierteste Form von Gesellschaft, die es jemals gegeben hat. Und die sicherste. Noch nie war die Zahl von Gewaltopfern so niedrig wie heute.

Natürlich ist die Offene Gesellschaft keine perfekte Gesellschaft. In ihr gibt es Ungleichheit, Ungerechtigkeit, häusliche Gewalt, Kriminalität, Leiden, Depression, Selbstmorde. Der Grund: Es gibt einfach keine perfekte Gesellschaft. Es kann auch keine geben, weil Leben darin besteht, dass alle physischen und sozialen Umwelten sich permanent verändern. Nur was tot ist, verändert sich nicht mehr.

Eine gute Gesellschaft ist also eine, die auf Veränderungsanforderungen geschmeidig reagieren kann. Nicht perfekt, aber nach ihren Möglichkeiten. Wo man hingegen versucht hat, sie einzurichten, die perfekte Gesellschaft – im Nationalsozialismus, im real existierenden Sozialismus –, gab es viele Gefängnisse, Lager und Tote. Warum? Weil Systeme, die die perfekte Beglückung sein wollen, immer vor dem Problem stehen, dass sich nicht alle Menschen beglücken lassen möchten.

Mit denen kann man dann nicht anders umgehen, als sie zu unterdrücken, einzusperren, umzubringen. Überhaupt haben Diktaturen und andere Formen totalitärer Herrschaft eine Schwäche, die sie nie überwinden können: Sie können auf Veränderung nur mit Gewalt reagieren, weil ihr Ziel und Daseinsinhalt die Zementierung ihrer eigenen Herrschaft ist. Und da es im Leben eben keinen veränderungsfreien Zustand gibt, greifen sie regelmäßig zu Gewalt, anstatt auf die Veränderung mit Modernisierung zu reagieren. Die unperfekte Offene Gesellschaft ist die einzige Gesellschaftsform, die sich aus sich heraus modernisieren kann.

Sie hat einen perfekten Mechanismus, mit dem sie verhindern kann, dass notwendige Veränderungen nicht geschehen: Regierungen können abgewählt werden. Der Philosoph Karl Popper, der als Jude aus Wien fliehen musste, weiß, wie tödlich die Folgen geschlossener Weltbilder sein können, und hat sein Buch »Die offene Gesellschaft und ihre Feinde« unmittelbar im Angesicht der nationalsozialistischen und der kommunistischen Gewaltherrschaft geschrieben. Beide Systeme gingen von dem jeweils geschlossenen Weltbild aus, dass man nur den Gesetzen der Natur bzw. der Geschichte zu ihrem Recht verhelfe, wenn man die Gesellschaft von »Gemeinschaftsfremden«, »Feinden«, »Verrätern«, »Agenten« usw. befreie – wobei es lediglich eine Frage der Definition ist, wer umgebracht gehört und wer nicht.

Egal, mit welcher Beglückungsutopie eine politische Partei antritt: Für Popper basiert ein vernünftiges Gesellschaftssystem auf dem »Prinzip einer demokratischen Politik«: »Ich neige zur Ansicht, daß Herrscher sich moralisch und intellektuell selten über und oft unter dem Durchschnitt befinden. Und ich halte es in der Politik für ein kluges Prinzip, wenn wir uns, so gut wir können, für das Ärgste vorbereiten, obschon wir natürlich zur gleichen Zeit versuchen sollten, das Beste zu erreichen. Es scheint mir Wahnsinn, alle unsere politischen Bemühungen auf die schwache Hoffnung zu gründen, daß die Auswahl hervorragender oder auch nur kompetenter Herrscher von Erfolg begleitet sein wird.« Seine Alternative:

»Regierungen, deren wir uns ohne Blutvergießen, zum Beispiel auf dem Weg über allgemeine Wahlen, entledigen können; die sozialen Institutionen sehen also Mittel vor, die es den Beherrschten gestatten, die Herrscher abzusetzen.«

Es geht Popper also keineswegs um die Vorstellung, dass in einer Demokratie immer alles gut sei und allgemeine Zufriedenheit herrsche – im Gegenteil besteht die demokratische Praxis im permanenten Aushandeln von Konflikten und im Widerstreiten von Interessen. Aber: »Wer das Prinzip der Demokratie in diesem Sinn annimmt, ist (…) nicht gezwungen, das Resultat einer demokratischen Abstimmung als einen autoritativen Ausdruck dessen anzusehen, was Recht ist. Er wird die Entscheidung der Majorität annehmen, um den demokratischen Institutionen die Arbeit zu ermöglichen. Es steht ihm aber frei, diese Entscheidung mit demokratischen Mitteln zu bekämpfen und auf ihre Revision hinzuarbeiten.«

Gegner des demokratischen Prinzips setzen denn auch alles daran, ihre Abwählbarkeit zu beseitigen, wenn sie einmal an die Macht gekommen sind. Das hat Hitler getan, das macht Erdogan, und ich male nicht den Teufel an die Wand, wenn ich befürchte, dass auch Donald Trump diesen Weg gehen wird. Überhaupt müssen wir gegenwärtig sehen, dass es politische Konstellationen extrem knapper Mehrheiten für die Demokratiefeinde gibt, die – wie in Polen oder in Ungarn – einmal gewählt alles daransetzen, demokratische Prinzipien schnellstmöglich auszuhebeln, etwa die Verfassungsgerichtsbarkeit zu entmächtigen, die Presse- und Wissenschaftsfreiheit einzuschränken, Bürgerrechte rückzubauen und anderes mehr, was uneingeschränkter, also autoritärer Macht im Wege stehen könnte.

Regierungen solchen Typs können, haben sie einmal ihre Herrschaft abgesichert, nur durch gewaltsame Revolutionen abgelöst werden – was bekanntlich erheblich schwieriger und gefährlicher ist, als rechtzeitig dafür zu sorgen, dass Politiker mit entsprechenden Ambitionen von der Macht ferngehalten werden. Kurz: Es ist einfacher, für die Demokratie zu kämpfen, solange sie noch besteht. Danach wird es erheblich schwieriger.

Denn für jede kritische Äußerung, ja, für jeden Verdacht des abweichenden Denkens werden Sie sogleich in Schwierigkeiten geraten. Eine vergleichsweise harmlose Diktatur wie die der DDR hat viele Menschen in unserem Land mit der intimen Erfahrung ausgestattet, was es bedeutet, unter solchen Bedingungen zu leben und von prinzipiellem Misstrauen gegen Andere und nicht von prinzipiellem Vertrauen ausgehen zu müssen.

Die Offene Gesellschaft dagegen braucht gerade Kritik und sie braucht soziale Bewegungen, Antrieb von unten, um beständig auf äußere und innere Veränderungsanforderungen geschmeidig reagieren zu können. Weshalb sie ihre Kritikerinnen und Kritiker nicht umbringt und weshalb soziale Bewegungen – die Frauenbewegung, die Ökologiebewegung, die Bürgerrechtsbewegung – früher oder später immer zum Teil der modernen Normalgesellschaft werden. Und weshalb wir uns als Bürgerinnen und Bürger einer Offenen Gesellschaft immer als mitverantwortlich und mitgestaltend fühlen dürfen, wenn uns irgendetwas missfällt, ungerecht oder verbesserungswürdig erscheint. Der große Soziologe Ralf Dahrendorf hat das mal so formuliert: »Wir leben in einer Welt der Ungewissheit. Niemand weiß genau, was wahr und was gut ist. Darum müssen wir immer neue und bessere Antworten suchen. Das geht aber nur, wenn Versuch und Irrtum erlaubt sind, ja, ermutigt werden, also in einer offenen Gesellschaft. Sie wenn nötig zu verteidigen und sie jederzeit zu entwickeln, ist daher die erste Aufgabe.« Genau.

Regel Nr. 1:
• • • • • • • • • • • •

Es ist einfacher, für die Demokratie zu kämpfen, solange es sie noch gibt.
Danach wird es erheblich schwieriger.

Zweitausendsechzehn.
Das Jahr, in dem man die Mehrheit
in Schutz nehmen musste

Zweitausendsechzehn – was meine wichtigste Erkenntnis aus diesem seltsamen Jahr ist? Dass es uns noch nie so gut ging wie jetzt. Und dass es uns vielleicht in Zukunft nicht immer so gut geht wie jetzt. Beide Erkenntnisse hängen für mich ganz eng miteinander zusammen, denn man merkt ja erst, wie wichtig etwas ist, wenn man es zu verlieren droht.

Für mich, den Baby-Boomer, groß geworden in den 1960er und 1970er Jahren, schon fast immer ein hartnäckiger, ungerechter und nervtötender Kritiker von all dem, was nicht stimmt in unserer Gesellschaft und der Welt, immer unterwegs in Richtung Veränderung, chronisch unzufrieden mit der Politik, der Wirtschaft, dem ökologischen Zustand der Welt, ist 2016 klar geworden: Ich und alle anderen meiner Generation, die das Glück hatten, im reichen Westen aufzuwachsen, haben ein halbes Jahrhundert lang auf das Prächtigste von all dem profitieren dürfen, was andere zuvor geschaffen haben. Wirtschaftswunder, Öffnung des Bildungssystems, super Lebenserwartung, steigende Einkommen, offene Grenzen, das Ausprobieren von Lebensformen und Protest, great fun, Motorräder, Punkmusik, Studieren, Arbeiten, Welten entdecken und – Frieden.

Okay, dieser letzte Punkt gehört schon in die Reihe der Dinge, die mir nicht wichtig waren. Aus einem, ich muss es leider sagen, ziemlich unintelligenten Grund: weil es nichts anderes gab als Frieden. Bei uns. Krieg gab es schon, die ganze Zeit, irgendwo, aber nicht bei uns. Genauso wie Gewalt, Unterdrückung, Folter, Zwang – irgendwo, aber nicht bei uns. Und wozu führt es, wenn man sein Leben in Frieden, sicher, frei und selbstbestimmt führen darf? Dass man vergisst, wie kostbar das ist. Dass man gar nicht auf die Idee kommt, dass das alles andere als selbstverständlich ist. Ja, dass man es für ganz und gar unmöglich hält, dass es auch »bei uns« jemals anders sein könnte.

Warum ist mir das 2016 klar geworden? Weil es ein Scheißjahr war. Nicht nur, weil komischerweise in diesem Jahr ganz viele Menschen gestorben sind, die für mich persönlich sehr wichtig waren, weshalb ich oft sehr

Politischer Kopf: Bowie   Foto: Michael Ochs Archives / Getty Images

Menschenfreund: Willemsen   Foto: Johann Eisele / Getty Images

Revolutionär: Prince   Foto: Richard E. Aaron / Getty Images

Verfassungspatriotin: Limbach   Foto: dpa

traurig war, sondern weil ganz viel ganz anders gelaufen ist, als es hätte laufen können. Nehmen wir nochmal die schon erwähnte Sensation, dass die allermeisten Deutschen die vielen Menschen, die vor Krieg und Gewalt fliehen mussten, nicht nur willkommen geheißen, sondern ihnen auch ganz handfest geholfen haben: mit Geld, mit Kleidung, mit Decken, mit Behördengängen und was weiß ich noch alles. Das war gerade in seiner Selbstverständlichkeit sensationell, besonders angesichts der menschenfeindlichen Haltung in anderen Ländern der EU, allen voran Ungarn, Polen, England. Es war ekelhaft zu sehen, wie Menschen in Europa behandelt wurden – an der ungarischen Grenze, in Calais –, und es war lächerlich zu hören, dass eine politische Union mit 510 Millionen Einwohnern sich als überfordert von der Aufgabe erklärte, eine weitere Million, geschweige denn zwei oder drei weitere aufzunehmen. Stellen Sie sich einen Saal vor, in dem 510 Menschen sind, und zwei oder drei kommen dazu. Brüllen die Anwesenden dann: »Kein Platz! Alles voll!« Und: »Wer seid Ihr überhaupt? Wir wollen Euch nicht!« Ekelhaft, wirklich. Versagt in der ersten Prüfung. Sollte das Europa, das europäische Projekt sein?

Wie sah es hierzulande vor etwas mehr als 70 Jahren aus – inmitten einer zerstörten Welt, in der 55 Millionen Menschen im Krieg und durch Verfolgung ihre Heimat hatten verlassen müssen? Acht bis neun Millionen von ihnen befanden sich in den alliierten Besatzungszonen, also der heutigen Bundesrepublik, davon waren etwa sechs Millionen Zwangsarbeiter, rund zwei Millionen Kriegsgefangene und fast eine dreiviertel Million befreite KZ-Häftlinge. Zwölfeinhalb Millionen Vertriebene aus Polen, der Tschechoslowakei und Ungarn kamen dazu. Gibt es ein Deutschland ohne Flüchtlinge? Und kommt die Krisentauglichkeit dieses Landes vielleicht aus seiner Gründungsgeschichte, und die Menschenfreundlichkeit seiner Bewohnerinnen und Bewohner daher, dass fast jede und jeder aus einer Flüchtlingsfamilie stammt?

Integrationserfahrung gehört zum Kern dieses Landes: Nachkrieg, Boatpeople aus Vietnam und Laos, Flüchtlinge aus dem Jugoslawienkrieg, Russlanddeutsche, Wiedervereinigung. Alles geschafft. Alles Teil der Identität dieses Landes. Da kommt es mir umso ekelhafter vor, dass deutsche Politiker, allen voran der unselige bayerische Ministerpräsident, Ressentiments nicht nur gegen ausgerechnet die Regierung schüren, zu der sie selbst gehören, sondern vor allem auch gegen die Flüchtlinge. Damit hat er sich zum besten Marketing-Mann der AfD gemacht, und seltsamerweise hört er mit seinem demokratieschädigenden Verhalten nicht auf, obwohl er damit keine einzige Stimme gewinnt, wie die Umfragen zeigen. Ein paar Rechte sind für eine stabile Demokratie überhaupt kein Problem, das hält man aus. Aber etablierte Politiker, die die Themen und Begriffe der Rechten übernehmen und in die Mitte der Gesellschaft tragen: Die sind ein Problem, und sie waren schon früher die eigentlichen Totengräber der Demokratie.

Nehmen wir nur die Verengung der politischen Debatte auf die Themen Flüchtlinge, Sicherheit, Angst. Nicht nur, dass durch diese Verengung der Eindruck erweckt wird, es gäbe keine anderen Probleme im Land, es entsteht auch ein Überbietungswettbewerb im Aufrufen von Maßnahmen, dieses gefühlten Problems Herr zu werden. Wobei wiederum in einer Art von Kollektivdemenz immer gleich schon vergessen wurde, was denn alles gerade aufgrund dieses selben Aktionismus schon Gesetz geworden ist. Den traurigen Höhepunkt dieses Überbietungswettbewerbs stellt der Beschluss des letzten CDU-Parteitags dar, die wirklich unendlich mühsam errungene Möglichkeit einer doppelten Staatsbürgerschaft gleich wieder abzuschaffen – als hätte die a) auch nur das Geringste mit dem Flüchtlings- und Sicherheitsthema zu tun und als hätten b) nichtsahnende Bundesbürgerinnen und -bürger das Bedürfnis artikuliert, das entsprechende Gesetz zu ändern. Mit solchen hektischen »Maßnahmen« von konservativer, nicht von neurechter Seite arbeitet man dem Eindruck zu, Abhilfe sei dringend vonnöten und diese könne ausschließlich über Maßnahmen gegen irgendwie nicht ganz richtige Deutsche herbeigeführt werden. Das bedeutet im Ergebnis die Zementierung des alten rassistischen Konzepts, dass die das Problem sind, die als »nicht zugehörig« definiert werden. Mit anderen Worten: Einstellungen und Konzepte, die zuvor allenfalls im Rechtsaußen der Republik kursierten, wandern in die Mitte der Gesellschaft und werden dort sagbar und diskursfähig. Und niemand sagt: »Augenblick mal – so hätten wir doch vor einem Jahr noch nicht geredet?«

Regel Nr. 2:
....

Der rechte Rand ist für eine stabile Demokratie kein Problem.
Ein Problem ist es, wenn die Themen des rechten Rands in die Mitte der Gesellschaft wandern.

Shifting baselines.
Wie man anders zu denken beginnt

Und plötzlich reden alle so. In diesen Tagen, Anfang des Jahres 2017, sind die Nachrichten dominiert von vier Themen: Terror, Flüchtlinge, Asylmissbrauch, innere Sicherheit. Man muss kein Prophet sein um vorherzusehen, dass es diese Themen sein werden, die die kommenden Wahlkämpfe bestimmen werden. Dabei sind es nicht so sehr die einzelnen Aspekte, die jeweils aufgerufen werden. Es ist der schlichte Sachverhalt, dass es fast nur noch um das Oberthema »Die Anderen« geht, als stünde der Rest der Welt still und als gebe es dementsprechend nichts mehr zu berichten. In der Tagesschau sind 12 von 15 Minuten dafür reserviert; eine Gestalt wie der Berliner Weihnachtsmarktattentäter Amri fungiert als idealer Träger für alle Themen zugleich: Er war Terrorist, illegal Eingereister, Sozialbetrüger und geschickter Spieler mit der Schwerfälligkeit deutscher Behörden. Man hätte ihn nicht besser erfinden können, er ist die Inkarnation der sogenannten Flüchtlingskrise. Das »heute journal« berichtet ausgehend von seinem Beispiel ausführlich, wie rund 30 000 andere Personen aus dem Flüchtlingsmilieu erfolgreich mehrfach finanzielle Unterstützung erschleichen, am Ende wird ein Archivbild von einem Flüchtlingstreck eingeblendet und mitgeteilt, es handele sich nur um eine Minderheit unter den Flüchtlingen, die allermeisten würden dergleichen nicht tun. Aber was bleibt beim Zuschauer als Eindruck zurück? Dass zu den ohnedies mit der Gruppe der Flüchtlinge verbundenen Problemen schon wieder ein weiteres kommt: Nicht nur »unkontrollierte Zuwanderung«, »mangelnder Schutz der Außengrenzen«, »Überforderung der Sozialsysteme«, »Integrationsprobleme«, »junge Männer aus anderen Kulturkreisen«, »Terrorgefahr«, »Gefährder«, »Abschiebungsdefizite« werden nunmehr mit dem Begriff »Flüchtling« assoziiert, sondern jetzt auch noch »Sozialbetrug«. Ein klassischer Aufreger, gerade in der Bundesrepublik. Wie sich dabei die Maßstäbe verschieben, zeigt sich etwa daran, dass »Der Spiegel« sogleich titelt »Bedingt wehrhaft«, und die öffentlich-rechtliche ARD im Teaser ihrer Talkshow »Hart aber fair« allen Ernstes die Frage stellt: »Darf die Herkunft ein Verdachtsmoment sein?« Ganz so, als stünde Artikel 3 des Grundgesetzes neuerdings zur Disposition. Es sind diese leicht zu übersehenden Verschiebungen des Rahmens des Sagbaren, die eine Gesellschaft in ihrem Gefüge verändern.

Und alle anderen Themen scheinen plötzlich wie weggeblasen, als spielten sie für das Land und seine Zukunft keine Rolle: Digitalisierung, Energiewende, Kohleausstieg, VW-Skandal, Arbeitsmarkt, Europa, Diktatur in der Türkei – alles keine Themen mehr?

Sebastian Haffner, der überaus genaue Chronist des rapiden Deutungs- und Einstellungswandels ab 1933 in Deutschland, erwähnt einen bemerkenswerten Mechanismus der damaligen öffentlichen Debatte: Indem die Nazis, schreibt Haffner, »irgendjemand – ein Land, ein

Volk, eine Menschengruppe – öffentlich mit dem Tode bedrohten, brachten sie es zustande, dass nicht ihre, sondern seine Lebensberechtigung plötzlich allgemein diskutiert – d. h. in Frage gestellt wurde. Jeder fühlte sich auf einmal bemüßigt und berechtigt, sich eine Meinung über die Juden zu bilden und sie zum besten zu geben. Man machte feine Unterscheidungen zwischen ›anständigen‹ Juden und anderen; wenn die einen, gleichsam zur Rechtfertigung der Juden – Rechtfertigung wofür? Wogegen? – ihre wissenschaftlichen, künstlerischen, medizinischen Leistungen anführten, warfen die anderen ihnen gerade dies vor: Sie hätten Wissenschaft, Kunst, Medizin ›überfremdet‹.« Trotz aller judenfeindlichen Aktionen ergab sich keine »Antisemitenfrage« oder »Nazifrage« im Deutschland jener Jahre, sondern, im Gegenteil, eine »Judenfrage«. Nicht die Angreifer der Demokratie und des Rechts erscheinen als Problem, sondern deren potentielle Opfer.

Nichts anderes erleben wir gerade am Beispiel der Flüchtlinge. Nicht diejenigen, die sie abwehren, abschieben, ja sogar abschießen wollen, sind das Problem, sondern sie selbst, deren Zahl dringend verringert gehöre. Die Maßnahmen, die sodann getroffen werden, richten sich entsprechend auch nicht gegen die Menschenfeinde, ihre Rhetorik und ihre Forderungen, sondern gegen die Asylsuchenden, und folgen damit punktgenau den rechten Ausgrenzungsforderungen. Wir haben keine »Menschenfeindefrage« und keine »Neurechtefrage«, sondern eine »Flüchtlingsfrage«.

Und in dieser »Flüchtlingsfrage« habe man es keineswegs mit einem Problem zu tun, das mit unserer fossilen Wirtschaft und ihrer Abhängigkeit von Regimen im Nahen Osten zusammenhängt oder mit dem »Krieg gegen den Terror«, der die gegenwärtig furchtbarsten Terrororganisationen IS und Boko Haram erst hervorgebracht hat. Nein, »die Flüchtlinge« selbst sind das Problem. Weshalb es seit mehr als einem Jahr um die Frage geht, wie man die Außengrenzen besser sichern könne. Die sollen es einfach vorziehen, dort zu bleiben, wo sie sind. Flüchtlingsproblem gelöst. Wie weit diese Sicht der Dinge geht, zeigt nicht zuletzt, dass man zur Lösung der »Flüchtlingsfrage« ausgerechnet einen verhängnisvollen Deal mit einem Diktator gemacht hat, der damit seine Machtposition stärken konnte. Nochmal zur Erinnerung: um 510 plus 3 zu verhindern!

Was mich bei all dem beunruhigt, ist nicht nur die zugrundeliegende Dummheit – mit der muss man immer rechnen und mit der hatte ja auch Popper das demokratische Prinzip begründet, dass man dumme Regierungen abwählen können muss. Aber hier geht es vor allem um die kollektive Verschiebung der Wahrnehmungen und Deutungen: Debattiert wird nicht das Versagen der meisten Staaten der EU bei der Aufnahme der Flüchtlinge, nicht die unzureichende Bekämpfung des erstarkenden Rechtsextremismus mit den Mitteln des Rechtsstaates, nicht die Schwächen überregulierter Verwaltungen und kaputtgesparter Sozialsysteme, nicht die moralische Verwahrlosung einiger Parteipolitiker und deren Demokratiefeindlichkeit.

Es geht schon gar nicht um den peinlichen Befund,

dass noch vor zehn Jahren die armen Länder auf der Welt 72 Prozent der globalen Flüchtlinge aufnahmen, heute aber sage und schreibe 86 Prozent, weshalb sich lediglich 14 Prozent auf die reichen Länder verteilen würden, wenn man sie denn ließe. Sondern es geht um: »die Flüchtlinge«.

Auf mich wirkt die hysterisierte Diskussion der Real- und Phantasieprobleme mit »den Flüchtlingen«, die Klage über den »verweichlichten Staat«, die »Willkommenskultur«, die dringend von einer »Verabschiedungskultur« (FAZ) abgelöst werden müsse, der Wille zur Ausgrenzung, die Kaskade der gesetzlichen Maßnahmen wie ein gespenstisches Realexperiment. Als Wissenschaftler habe ich mich lange damit beschäftigt, wie sich die Referenzrahmen der Wahrnehmung und Deutung von Ereignissen und Situationen oft erstaunlich schnell verändern, ohne dass es jemand bemerken würde. Alle halten sich auch dann noch für moralisch intakt, wenn sie schon längst der Gegenmenschlichkeit und ihren Maßnahmen zustimmen. Ich nenne das »shifting baselines«, die unbemerkte Verschiebung der normativen Maßstäbe, die man an Geschehnisse anlegt.

Es war schon nicht ganz einfach, die Existenz dieses Phänomens in die Wissenschaft einzubringen, die ja lieber von der »Verführung der Massen« und der »inneren Emigration« phantasierte als anzuerkennen, dass »Nazis« in einer Zustimmungsdiktatur eben alle sind, die praktisch, nämlich auf der Ebene ihres tatsächlichen Verhaltens, zustimmen. Aber dasselbe Phänomen live und in Farbe vorgeführt zu bekommen, ohne dass sich – etwa in den dafür zuständigen öffentlich-rechtlichen Medien – breite Gegenpositionen bilden, die die verzerrte Optik und Hysterie korrigieren, das ist allerdings frappierend. Und ich muss ehrlich sagen: Damit habe ich nicht gerechnet.

Hyperaktiv:
Gesetzesänderungen und Forderungen seit Beginn der »Flüchtlingskrise«

Name, Datum	Text	Quelle
1. Gesetz zur Neubestimmung des Bleiberechts und der Aufenthaltsbeendigung, 01.08.2015	ein Bleiberecht für nachhaltige Integrationsleistungen zu erhalten sowie schnellere Durchsetzung bestehender Ausreisepflichten	Aufenthaltsrecht, Auflistung BMI: http://www.bmi.bund. de/DE/Themen/Migration-Integration/Aufenthalts-recht/Rechtsentwicklung/ rechtsentwicklung_node. html, Zugriff 05.01.2016
2. Asylverfahrensbeschleunigungsgesetz (Asylpaket I), 24.10.2015	Asylverfahren beschleunigt + die Unterbringung und Versorgung von Asylbewerbern und Flüchtlingen erleichtert + Arbeitsmarktintegration erleichtert + Albanien, Kosovo und Montenegro + Bund entlastet Kommunen finanziell	Aufenthaltsrecht, Auflistung BMI: http://www.bmi.bund. de/DE/Themen/Migration-Integration/Aufenthalts-recht/Rechtsentwicklung/ rechtsentwicklung_node. html, Zugriff 05.01.2016
3. UMA-Gesetz, 28.10.2015	Das Gesetz zur Verbesserung der Unterbringung, Versorgung und Betreuung ausländischer Kinder und Jugendlicher	11. Bericht der Beauftragten der Bundesregierung für Migration, Flüchtlinge und Integration – Teilhabe, Chancengleichheit und Rechtsentwicklung in der Einwanderungsgesellschaft Deutschland (Dezember 2016), S. 555 ff.

4. Neuordnung des Ausweisungs- und Abschieberechts, 01.01.2016	Der Aufenthalt von Personen, denen kein Aufenthaltsrecht in Deutschland zusteht, wird konsequent beendet. Gesetzespaket ist in wesentlichen Teilen bereits am 1. August 2015 in Kraft getreten	https://www.bundesregierung.de/Content/DE/Artikel/ArtikelNeuregelungen/2015/neuregelungen-august-2015/2015-07-30-neuregelungen.html?nn=1384552#doc1405482bodyText2
5. Datenaustauschverbesserungsgesetz, 05.02.2016	bundeseinheitlicher Ankunftsnachweis für Asylsuchende für Sicherheitsabgleich: frühzeitig Prüfung, ob zu einer Person schwerwiegende Sicherheitsbedenken bestehen	Aufenthaltsrecht, Auflistung BMI: http://www.bmi.bund.de/DE/Themen/Migration-Integration/Aufenthaltsrecht/Rechtsentwicklung/rechtsentwicklung_node.html, Zugriff 05.01.2016
6. Gesetz zur Einführung beschleunigter Asylverfahren (Asylpaket II), 17.03.2016	Kürzere Verfahren + weniger Familiennachzug + Beseitigung von Hindernissen bei Abschiebungen + Senkung von Asylbewerberleistungen	Aufenthaltsrecht, Auflistung BMI: http://www.bmi.bund.de/DE/Themen/Migration-Integration/Aufenthaltsrecht/Rechtsentwicklung/rechtsentwicklung_node.html, Zugriff 05.01.2016
7. Gesetz zur erleichterten Ausweisung ausländischer Straftäter (Ausweisungspaket), 17.03.2016	Leichtere Ausweisung von straffälligen Ausländern	11. Bericht der Beauftragten der Bundesregierung für Migration, Flüchtlinge und Integration – Teilhabe, Chancengleichheit und Rechtsentwicklung in der Einwanderungsgesellschaft Deutschland (Dezember 2016), S. 555 ff.
8. Gesetz zur Verbesserung des Informationsaustauschs bei der Bekämpfung des internationalen Terrorismus, 30.07.2016	der Verfassungsschutz darf künftig mehr Daten mit ausländischen Geheimdiensten austauschen.	

9. Integrationsgesetz, 06.08.2016	verpflichtende Integrationskurse mit vertiefender Wertvermittlung + unbefristetes Aufenthaltsrecht für Geflüchtete, die deutsche Sprachkenntnisse vorweisen und ihren Lebensunterhalt sichern können + Rechtssicherheit während der Berufsausbildung + Kürzungen von Sozialleistungen bei fehlendem Integrationswillen + Länder können den Wohnort zuweisen, um Ghettobildung vorzubeugen	Aufenthaltsrecht, Auflistung BMI: http://www.bmi.bund.de/DE/Themen/Migration-Integration/Aufenthalts-recht/Rechtsentwicklung/rechtsentwicklung_node.html, Zugriff 05.01.2017
10. Entwurf: Sichere Herkunftsstaaten, 06.04.2016	Gesetzentwurf zur Einstufung der Demokratischen Volksrepublik Algerien, des Königreichs Marokko und der Tunesischen Volksrepublik als sichere Herkunftsstaaten	Deutscher Bundestag Drucksache 18/8039
11. Entwurf: Änderung Asylbewerberleistungsgesetz, 20.09.2016	Der Entwurf eines Dritten Gesetzes zur Änderung des Asylbewerberleistungsgesetzes	11. Bericht der Beauftragten der Bundesregierung für Migration, Flüchtlinge und Integration – Teilhabe, Chancengleichheit und Rechtsentwicklung in der Einwanderungsgesellschaft Deutschland (Dezember 2016), S. 555 ff.
12. Entwurf: Änderung des Bundesdatenschutzgesetzes, 21.12.2016	Nach Anschlag auf Weihnachtsmarkt: Videoüberwachungsmaßnahmen durch private Betreiber gelten jetzt in öffentlich zugänglichen Räumen als »besonders wichtiges Interesse«	

13. Forderung: Transitzonen, 12.10.2015	De Maiziére und Unions-Politiker fordern »Transitzonen« noch vor der Einreise, in einem Schnellverfahren Asylanspruch zu klären	http://www.focus.de/politik/ausland/fluechtlingskrise-im-news-ticker-spd-chef-gabriel-haben-belastungs-grenze-fast-erreicht_id_4987742.html
14. Forderung: Verbot der Vollverschleierung u.ä., 19.08.2016	CDU/CSU fordern »Burka-Verbot« + häufigeren Einsatz elektr. Fußfessel + Algerien, Marokko, Tunesien als sichere Herkunftsländer + mehr Videoüberwachung (Berliner Erklärung, Innenminister,-senatoren CDU/CSU)	http://www.zeit.de/politik/deutschland/2016-08/unions-innenminister-berliner-erklaerung-burka
15. Forderung: Rücknahme der doppelten Staatsbürgerschaft, 06.12.2016	Delegierte des CDU Parteitags stimmen für Aufkündigung des Kompromiss zur doppelten Staatsbürgerschaft 2014 mit der SPD; Merkel dagegen	https://deutsche-wirtschafts-nachrichten.de/2016/12/07/aufstand-gegen-merkel-cdu-kippt-doppelte-staatsbuerger-schaft/
16. Forderung: schnellere Abschiebung, 09.01.2017	Merkel fordert schnellere Abschiebung + Algerien, Marokko und Tunesien sollen zu sicheren Herkunftsstaaten erklärt werden	http://www.zeit.de/politik/deutschland/2017-01/asylpolitik-angela-merkel-fluechtlinge-abschiebung-integration-dbb-jahrestagung
17. Forderung: Sicherheitsüberprüfung + Obergrenze, Beschluss auf Klausurtagung CSU, 06.01.2017	– Obergrenze für Flüchtlinge – standardmäßige Sicherheitsüberprüfung aller ankommenden Flüchtlinge an der Grenze – Ablehnung doppelte Staatsbürgerschaft, Vollverschleierung etc.	http://www.sueddeutsche.de/news/politik/parteien-csu-beschluesse-aus-seeon-dpa.urn-newsml-dpa-com-20090101-170106-99-769633

18. Forderung: Abschiebe-praxis verschärfen, 27.11.2016	BaWü Innenminister Thomas Strobl will Sozialleistungen kürzen und ein Lager für Ausgewiesene in Ägypten einrichten.	http://www.spiegel.de/politik/deutschland/abschiebungen-cdu-minister-thomas-strobl-fordert-strengere-regeln-a-1123291.html
19. Forderung: Grund-gesetzänderung, 22.10.2016	Alexander Hoffmann (40, CSU) dafür, dass der Asyl-Artikel im Grundgesetz (§ 16) geändert werden muss: »Artikel 16a GG: Kein Asylanspruch bei grober Verletzung der Mitwirkungspflicht« (z. B. bei Falsch-aussagen, Identitäts-täuschung)	http://www.bild.de/politik/inland/csu/wollen-drastische-asyl-verschaerfungen-43113182.bild.html
20. Forderung: härtere Gesetze für Gefährder, 10.01.2017	de Maizière (CDU) und Maas (SPD) haben sich auf strengere Maßnahmen im Um-gang mit sogenannten Gefährdern und Asylbewerbern mit fal-schen Papieren + eine verschärfte Residenz-pflicht für Asylbewer-ber geeinigt	http://www.faz.net/aktuell/politik/de-maiziere-und-maas-einigung-auf-haertere-gesetze-fuer-gefaehrder-14613714.html

Regel Nr. 3:
. . . .

Wahrnehmungen und Einstellungen sind nicht stabil. Auch nicht die eigenen.

Die Offene Gesellschaft. Unser Erfolgsmodell

Zunächst zu einer schlechten Nachricht, wahrscheinlich der allerschlechtesten aus dem Jahr 2016: Donald Trump ist amerikanischer Präsident. Auch wenn er jetzt – ich schreibe dies, bevor er tatsächlich im Amt ist – hier und da einen freundlichen und harmlosen Ton anschlägt, ist es grundfalsch, darauf die Hoffnung zu bauen, er werde doch als Präsident anders handeln als in seinem ganzen Leben zuvor. Denn erstens handelt niemand jemals grundsätzlich anders als in seinem ganzen Leben zuvor – der Typ ist 70! –, und zweitens: Wer, der charakterlich so strukturiert ist wie dieser Mann, würde denn ausgerechnet nach dem größten Erfolg seines Lebens seine Weltsicht, seine Absichten und seine Strategie ändern? Eben. Man muss sich nur das Team anschauen, das er gerade zusammenstellt. Dieser Mann und seine Freunde, Milliardäre, Banker, Generäle werden sehr viel Schlimmes anrichten.

Die Wahl von Trump hat aber noch etwas anderes Irres hervorgebracht. Deutschland ist in der Nacht vom 8. auf den 9. November 2016 zur wichtigsten Demokratie der Welt geworden. Das muss man sich mal vorstellen. Das Land, das vor nicht einmal drei Generationen das Empire of Evil war, das schlimmste und mörderischste Land der Erde, ist heute nicht nur das beliebteste Land weltweit, sondern auch das Sehnsuchtsland für unendlich viele, besonders junge Menschen aus allen Teilen der Welt geworden! Das ist unglaublich, auch deswegen, weil es zeigt, wie schnell und intensiv sich die Dinge nicht nur zum Schlechten, sondern auch zum Guten wenden können. Viele junge Israelis leben lieber in Berlin als in Tel Aviv, und viele junge Ukrainer oder Weißrussen würden es liebend gern tun, dürfen es aber nicht.

Das Land, das aus zwei totalitären Gesellschaften entstanden ist, eine mörderische Geschichte hat und den ganzen europäischen Kontinent in ein Inferno der Zerstörung gerissen hat, ist heute das Land, auf das die Verfolgten und Unterdrückten, die Demokraten und Freiheitsliebenden ihre Hoffnung richten.

Tatsächlich, so seltsam es sich anhört: Jetzt, gerade nach der US-Wahl, kommt es darauf an, dass wir bei der Fahne bleiben, der Fahne der Demokratie, der Freiheit und der Offenen Gesellschaft. Wir haben dafür eine Super-Ausgangsposition: die Rechten sind nicht stark bei uns, sondern stark ist die demokratische Mehrheit, und jetzt müssen wir Verantwortung zeigen, indem wir für diese Gesellschaft eintreten. Wer sagt eigentlich, dass es nur interessant ist, gegen etwas zu sein? Wer findet eigentlich all die idiotischen Talkshows und die ewigen schlechten Nachrichten in den Medien gut? Wer glaubt, dass das noch Aufklärung ist? Lasst uns doch darüber sprechen, was eigentlich alles wahnsinnig gut läuft in der Offenen Gesellschaft!

Fangen wir mal mit dem Einfachsten an: Viele Flüchtlinge müssen sich erstmal daran gewöhnen, dass man in diesem Land nicht geschlagen oder bedroht wird, auf Ämtern, von Polizisten, in den Heimen. Dort, wo sie herkommen, ist das nämlich anders: Gewalt eine Alltäglichkeit. Und Not ganz normal. Wir leben so unglaublich sicher und merken es nicht; wenn man aus anderen Verhältnissen kommt, fällt es sofort auf. Positiv. Und fragt mal alle Idioten, die von »Staatsversagen« hierzulande sprechen, ob sie schon mal zum Beispiel in Rumänien oder Pakistan in einem Krankenhaus waren? Oder beim Zahnarzt? Oder eine Überschwemmung in Ghana erlebt oder sich in den USA ein Bein gebrochen haben? Die Leute, die unsere Gesundheitsversorgung für ein Problem halten, waren noch nirgendwo anders auf der Welt in Not. Wir hatten mal ein Au-pair-Mädchen aus Peru, das nach seinem ersten Stadtspaziergang in Hannover völlig fassungslos von einem Mann erzählte, der um Futter für seinen Hund bettelte. In Peru, sagte sie, hätte er seinen Hund längst gegessen.

Deutschland ist eine extrem reiche Gesellschaft, die den meisten Menschen, die in ihr leben, Freiheit und Sicherheit bietet, Handlungsspielräume und Entfaltungsmöglichkeiten. Die Kritik duldet und, wie gesagt, sogar braucht, um sich weiterzuentwickeln. Eine solche Gesellschaft lässt uns die Wahl. Wir dürfen ganz normal sein oder ganz anders. Wir dürfen Traditionen hochhalten oder Neues denken. Wir dürfen provinziell sein oder weltgewandt. Oder all das auf einmal.

Die Offene Gesellschaft ist gerade in Deutschland ein Erfolgsmodell, was sich zum Beispiel daran zeigt, dass bei uns die Arbeitslosigkeit so niedrig ist wie seit einem

Vierteljahrhundert nicht mehr. Dass mehr Kinder Abitur machen als jemals zuvor. Dass die Polizei immer mehr Beamte mit »Migrationshintergrund« einstellt. Dass Radfahren in der Stadt normal geworden ist, dass Menschen Genossenschaften gründen, um gemeinsam zu bauen, zu gärtnern, zu arbeiten, Energie zu erzeugen. Dass das Politikinteresse bei jungen Menschen stark gestiegen ist, ihre Angst vor Zuwanderung dagegen stark gesunken. Dass sie Gewalt in jeder Form ablehnen, sich in unglaublich großer Zahl ehrenamtlich engagieren, bei den Landfrauen genauso wie bei Amnesty international, in Sprachcafés, bei Greenpeace oder bei der freiwilligen Feuerwehr. Das müssen wir sagen, laut und deutlich und überall, gerade nach diesem Scheißjahr.

Jugendliche, die an Politik interessiert bzw. stark interessiert sind:	46 %
Jugendliche, die Angst vor Zuwanderung nach Deutschland haben	29 %
Jugendliche, die Angst vor Terroranschlägen haben	73 %
Jugendliche, die mit der Demokratie zufrieden sind (West)	77 %
Jugendliche, die mit der Demokratie zufrieden sind (Ost)	54 %
Jugendliche, die in einem Verein aktiv sind	38 %
Jugendliche, die bei einem Rettungsdienst oder bei der Feuerwehr aktiv sind	5 %
Jugendliche, die bei Greenpeace oder Amnesty International aktiv sind	5 %
Jugendliche, die in einer Partei aktiv sind	2 %

Alle Zahlen stammen aus der sogenannten Shell-Jugendstudie, die seit 1953 alle fünf Jahre durchgeführt wird. Man kann also gut vergleichen: Das Politikinteresse ist auf dem höchsten Stand seit zwanzig Jahren, die Ablehnung von Zuwanderern sinkt kontinuierlich. Das praktische Engagement ist rückläufig, aber durchaus noch hoch. Insgesamt weisen die Ergebnisse der aktuellen Studie nicht darauf hin, dass die heute 12- bis 25-Jährigen staatsverdrossen, politikfern und passiv sind. Das sinkende Engagement in Parteien und Gewerkschaften deutet freilich an, dass die bestehenden Politikangebote als wenig attraktiv empfunden werden. Vielleicht ist das alles zu viel letztes Jahrhundert?

Sie haben ja recht, die Jugendlichen: Denn alle Erfolge der Offenen Gesellschaft bedeuten nicht, dass es nicht viel zu ändern und zu verbessern gäbe, auch in diesem Land: Wir müssen gegen die Bildungs- und Chancenungleichheit kämpfen, gegen verantwortungslose Manager wie bei der Deutschen Bank oder bei VW, bei der Fifa, gegen die ausufernde Überwachung und, natürlich, gegen die fortschreitende Zerstörung der Lebens- und Überlebensräume überall auf der Welt durch unsere absurde hyperkonsumistische Lebensweise. Müssen wir machen! Weil es uns, und damit komme ich auf den Anfang zurück, so gut geht. Aber das hat Voraussetzungen: den demokratischen Rechtsstaat und das Grundgesetz. Diese Voraussetzungen müssen wir bewahren, dafür müssen wir kämpfen. Denn jetzt, nach diesem Jahr, ist eben noch eine Erkenntnis dazugekommen: Wenn wir es nicht machen, also ich und Ihr und Sie und unsere

Freundinnen und Freunde, dann macht es keiner! Ausgerechnet wir? Ob das nicht zu schwierig ist alles? Na, dafür haben wir doch ein Motto: Wenn es einfach wäre, könnten es ja auch die andern machen!

Regel Nr. 4:
·············

Die Rechten sind nicht stark bei uns,
sondern stark ist die demokratische Mehrheit,
und jetzt müssen wir Verantwortung zeigen,
indem wir für diese Gesellschaft eintreten.

Eine Geschichtsstunde mit zwei Lektionen

Ich habe wie wohl fast alle in den Tagen nach der US-Wahl viel darüber gesprochen, was die Wahl von Donald Trump zum Präsidenten der USA bedeutet, und die meisten, mit denen ich geredet habe, fanden Grund zur Beruhigung: das Amt werde den Mann schon zähmen, und überhaupt, jetzt – und dann folgte komplexe Wahlarithmetik – gelte es erstmal, Marine Le Pen in Frankreich zu verhindern und …

Augenblick mal: Wenn ein Rechtspopulist der radikalen Sorte das mächtigste Land der Welt regiert, die mächtigste Armee der Welt befehligt und über den mächtigsten Geheimdienst der Welt verfügt, muss man dann darüber nachdenken, was als nächstes Schlimmes passieren könnte? Trump IST der Ernstfall. Dieser Mann setzt einen Klimawandelsleugner an die Spitze der amerikanischen Umweltbehörde, ein ausgewiesener Rassist ist sein Chefberater, der CEO eines Mineralölkonzerns und Putin-Freund Außenminister, Milliardäre und militärische Hardliner bilden das Team um Trump. Die Presse freut sich, dass ein General namens »Mad Dog« Mattis dem künftigen Präsidenten erklärt hat, dass Folter keine guten Ergebnisse bei Befragungen von Gefangenen bringt, weshalb man es ebenso gut auch lassen könne. Und die internationale Presse feiert das als Mäßigung, obwohl offensichtlich ist, dass diesen Typen

Gesetze schnurzegal sind: Sie lehnen Folter ja nicht ab, weil sie gegen das Völkerrecht und die Menschenrechte verstößt, sondern weil sie nichts bringt …

Seine antisoziale Haltung wird Trump umzusetzen beginnen, sobald er tatsächlich Präsident ist, zynisch gegenüber Andersdenkenden, inhuman gegenüber Illegalen, Armen, Ausgegrenzten, verächtlich gegenüber Schwachen. Er wird keinen Unterschied zwischen Business und Politik anerkennen, hat er doch das Problem des ausufernden Lobbyismus mit einem Schlag gelöst: Seine Regierung ist selbst die Lobby. Und wird prächtig kooperieren mit allen anderen, die Staaten als probate Unternehmen zur Maximierung von Gewinnen betrachten – was Russland und seine Oligarchen ebenso betrifft wie China und seine Superreichen und die USA jetzt eben auch: Die Superreichen, die er mit politischen Ämtern ausgestattet hat, besitzen zusammen so viel Vermögen wie das untere Drittel aller Bewohnerinnen und Bewohner jenes Landes, das mal für einen Traum berühmt war.

Trump und seine Komplizen werden in den nächsten Jahren noch die letzten Reste dieses Traums vernichten, die unselige amerikanische Regierungen wie die von Richard Nixon und George W. Bush noch übriggelassen hatten: Er wird aufrüsten, den Binnenmarkt durch ein schuldenfinanziertes Investitionsprogramm stimulieren, Arbeitsplätze schaffen, fracken, Öl und Kohle verbrennen, was das Zeug hält. Wenn dieses Konjunkturprogramm zu schwächeln beginnen wird, wird es hinreichend internationale Konfliktanlässe geben, um die Rüstung zu steigern und Kriege zu beginnen. Dafür gibt es historische Blaupausen. Dieser Mann ist am zivilisatorischen Projekt des demokratischen Rechtsstaats ungefähr so vital interessiert wie Adolf Hitler: Die Demokratie benötigte er lediglich, um an die Macht zu kommen. Ab jetzt wird er sie zerstören.

Huch, denken Sie jetzt. Das kann man doch nicht vergleichen. Zu banal, der Welzer, und viel zu alarmistisch. Geschichte wiederholt sich doch nicht. Der will wieder nur Auflage machen. Okay – dann machen wir jetzt mal eine Geschichtsstunde. Zwischendurch.

Lektion 1: Unendlich mühsam hat sich in Deutschland die Erkenntnis durchgesetzt, dass der Holocaust, das von den Deutschen verübte größte Massenverbrechen der Geschichte, unvergleichbar ist. Abgesehen davon, dass man vergleichen muss, um überhaupt herauszukriegen, ob etwas unvergleichbar ist, hatte das politisch seinen guten Sinn, denn es sorgte für zwei Haltungen, die für die Entwicklung Deutschlands zur heute wichtigsten Demokratie der Welt gleichermaßen wichtig sind: Erstens wurde es undenkbar, den Holocaust zu leugnen – und es gab lange Zeit viele Leugner –, und zweitens wurde die Anerkennung der Leiden der Opfer zu einem enorm wichtigen Teil unserer politischen Kultur. Genau daraus resultiert das tiefe Gefühl sehr vieler Deutscher, dass man um Gottes Willen nicht noch einmal auf der falschen Seite der Geschichte stehen möchte. Also auf der Seite Trumps zum Beispiel.

Dummerweise war aber mit dieser erinnerungspolitischen Entwicklung ein Problem verbunden: dass man nämlich immer mehr das *Ergebnis* der nationalsozialistischen Herrschaft vor Augen hatte als ihre *Entstehung* und *Entwicklung.* Und verwechselte die Unvergleichbarkeit des Holocaust mit der Unvergleichbarkeit des Nationalsozialismus. Aber der ist eine Herrschaftsform, und ihr Aufstieg hat eine Gesellschaftsgeschichte, und die kann man allerdings vergleichen. Man muss das sogar tun, um zu verstehen, was in der Gegenwart gerade geschieht.

Denn zwischen 1933 und 1941, in nur acht Jahren, hatte sich eine moderne Gesellschaft des christlich-abendländischen Kulturkreises in eine radikale Ausgrenzungsgesellschaft verwandelt – und zwar so, dass die nichtjüdischen Deutschen die tiefe Veränderung ihrer Welt und ihrer Moral selbst gar nicht bemerkten und die ganze Zeit über in der Lage waren, ihre gegenmenschlichen Haltungen mit dem Selbstbild in Einklang zu bringen, gute Menschen zu sein. Wir haben es mit einem rapiden gesellschaftlichen Wertewandel zu tun, in dem es die meisten Bürgerinnen und Bürger 1933 für völlig undenkbar gehalten hätten, dass nur wenige Jahre später die Juden nicht nur ihrer Rechte und Besitztümer beraubt, sondern zur Ermordung abtransportiert würden. Diese selben Bürgerinnen und Bürger sehen ab 1941 die Deportationszüge vom Berliner Bahnhof Grunewald abfahren, nicht wenige von ihnen haben inzwischen »arisierte« Kücheneinrichtungen, Wohnzimmergarnituren oder Kunstwerke gekauft, einige führen Geschäfte oder wohnen in Häusern, die den jüdischen Besitzern genommen worden sind. Und sie finden das völlig normal.

Wir sehen hier nicht das absolute Grauen des Holocaust, keine Gaskammern und keine Leichenberge, sondern das unspektakulärere, alltäglichere Bild einer Gesellschaft, die zunehmend verbrecherisch geworden ist, oder, genauer gesagt, moralisch umdefiniert hat, was als erwünscht und verwerflich, gut und schlecht, ordnungsgemäß und kriminell gilt.

Und alle Einzelschritte der radikalen Ausgrenzung der jüdischen Deutschen fanden in der Öffentlichkeit statt, bis hin zu ihrem Abtransport. Das Deportationsgleis 17, von dem mehr als 50 000 jüdische Deutsche abtransportiert worden sind, lag nicht auf einem Lagergelände, auch nicht auf einer Industriebrache, sondern eben mitten im Berliner Stadtteil Grunewald, einem der bürgerlichsten und reichsten Wohnviertel der Reichshauptstadt.

Vom Tag der sogenannten Machtergreifung an vollzog sich in Deutschland ein fundamentaler Wertewandel, in dem es zunehmend als normal empfunden wurde, dass es unterschiedliche Menschengruppen gab, für die unterschiedliche Gesetze und Umgangsformen galten. In verblüffend kurzer Zeit wurde eine ganze Menschengruppe aus dem Universum der sozialen Verbindlichkeit ausgeschlossen – aus jenem Universum also, in dem Normen wie Gerechtigkeit, Mitleid, Nächstenliebe etc. noch in Kraft sind, aber eh nicht mehr für diejenigen gelten, die nicht zur (Volks-)Gemeinschaft gehören. Ja, das nationalsozialistische System war ein Unrechts- und

Willkürsystem, aber die Willkür und das Unrecht trafen fast ausschließlich die Nicht-Zugehörigen, während die Mitglieder der Volksgemeinschaft nach wie vor in weiten Bereichen sowohl Rechtssicherheit als auch staatliche Fürsorge genossen. Wussten Sie, dass die Strafbarkeit der unterlassenen Hilfeleistung aus der Nazizeit stammt? Sie galt aber nur in Bezug auf Angehörige der Volksgemeinschaft, nicht in Bezug auf Juden und andere »Gemeinschaftsfremde«.

In einer Befragung mit 3000 Personen, die vor 1928 geboren waren, kannten nahezu drei Viertel niemanden, der in der Nazizeit aus politischen Gründen mit der Staatsgewalt in Konflikt geraten war und deshalb verhaftet oder verhört worden war. Noch mehr Befragte gaben an, sich selbst niemals bedroht gefühlt zu haben. Ein Viertel der Befragten heben noch ein halbes Jahrhundert nach dem Ende des »Dritten Reiches« das Gemeinschaftsgefühl hervor, das damals herrschte.

Aber dieses Gemeinschaftsgefühl bezog sich eben ausschließlich auf die Mitglieder der Volksgemeinschaft und wurde gerade dadurch gestiftet, dass nicht jeder zu ihr gehören konnte. Das verbreitete Gefühl, nicht bedroht zu sein und keinerlei Zwang zu unterliegen, beruhte auf einem starken Gefühl der Zugehörigkeit, deren Spiegelbild die täglich zu sehende Nicht-Zugehörigkeit von anderen Gruppen, insbesondere von Juden, war. Denn direkt nach dem 30. Januar 1933, dem Tag der sogenannten Machtergreifung, setzte ein Staccato von Maßnahmen gegen die Juden ein, und zwar ohne Widerstand der Mehrheitsbevölkerung. Obwohl mancher vielleicht über den »SA- und Nazipöbel« die Nase rümpfte oder die einsetzende Kaskade der antijüdischen Maßnahmen als unfein, ungehörig, übertrieben oder einfach als inhuman empfand.

Was heißt: »Staccato«? Das heißt, in einer Aufzählung von Saul Friedländer, Folgendes: »Im März 1933 untersagte die Stadt Köln Juden die Benutzung städtischer Sportanlagen. Vom 3. April an mussten in Preußen Anträge von Juden auf Namensänderung dem Justizministerium vorgelegt werden [...]. Am 4. April schloss der deutsche Boxer-Verband alle jüdischen Boxer aus. Am 8. April sollten alle jüdischen Dozenten und Assistenten an Universitäten des Landes Baden unverzüglich entlassen werden. Am 18. April entschied der Gauleiter von Westfalen, dass einem Juden das Verlassen des Gefängnisses auf Kaution nur gestattet würde, wenn der Kautionssteller bereit wäre, an seiner Stelle ins Gefängnis zu gehen. Am 19. April wurde der Gebrauch des Jiddischen auf Viehmärkten in Baden verboten. Am 24. April wurde die Verwendung jüdischer Namen zum Buchstabieren im Telefonverkehr untersagt. Am 8. Mai verbot es der Bürgermeister von Zweibrücken Juden, auf dem nächsten Jahrmarkt Stände zu mieten. Am 13. Mai wurde die Änderung jüdischer Namen in nichtjüdische verboten. Am 24. Mai wurde die restlose Arisierung der deutschen Turnerschaft angeordnet, wobei die vollständige arische Abstammung aller vier Großeltern gefordert wurde.« Und so weiter und so fort.

Kaum ein Tag verging ohne eine neue Maßnahme. Die antijüdischen Gesetze, die die Spitze dieses Eisbergs menschenfeindlicher Praxis bilden, sind das »Gesetz zur Wiederherstellung des Berufsbeamtentums« vom 7. April 1933, das unter anderem die Versetzung aller »nicht-arischen« Beamten in den Ruhestand vorsah. Noch im selben Jahr wurden 1200 jüdische Professoren und Dozenten entlassen, ohne dass ihre Kollegen dagegen protestiert hätten. Am 22. April 1933 werden nichtarische Kassenärzte aus den kassenärztlichen Vereinigungen ausgeschlossen. Am 14. Juli 1933 wird das »Gesetz zur Verhinderung erbkranken Nachwuchses« verabschiedet.

Wie immer auch die Gesetze und Maßnahmen bei den einzelnen Volksgenossinnen und Volksgenossen ankamen – festzuhalten ist, dass sich auch in dieser frühen Phase keinerlei Unmut, kein Protest artikulierte. Man lebt normal weiter in einer immer unnormaler werdenden Welt – solange man von den Maßnahmen selbst nicht betroffen ist. Und in dieser Normalität mag es zwar ein Durchschnittsvolksgenosse noch 1941 für undenkbar halten, dass Juden einfach getötet werden, aber schon lange nichts Bemerkenswertes mehr darin sehen, dass Ortsschilder verkünden, dass der entsprechende Ort »judenfrei« sei, dass Parkbänke nicht von Juden benutzt werden dürfen, und auch nicht mehr darin, dass die jüdischen Bürger deportiert werden. Die Zeiten ändern sich eben. Radikal, in nur acht Jahren. Und kaum jemand hat sich Böses dabei gedacht.

Szenenwechsel, Lektion 2: »Dazusitzen, in diesem wunderbaren Saal, zuzuhören, wie die Vertreter von 32 Staaten nacheinander aufstanden und erklärten, wie furchtbar gern sie eine größere Zahl Flüchtlinge aufnehmen würden und wie schrecklich leid es ihnen tue, dass sie das leider nicht tun könnten, war eine erschütternde Erfahrung.« Dieses Zitat stammt nicht aus dem Jahr 2016 und bezieht sich nicht auf die fast einhellige Weigerung der europäischen Staaten, Flüchtlinge aufzunehmen. Sondern auf die Konferenz von Evian von 1938, bei der es um deutsche Juden ging, die dringend das Land verlassen mussten. Es stammt von Golda Meir, der späteren Ministerpräsidentin von Israel. Niemand wollte die Juden haben. Mehr noch: Die osteuropäischen Staaten nutzten die Konferenz, um darauf hinzuweisen, dass nicht nur Deutschland ein »Judenproblem« habe, sondern sie selbst auch, und zwar ein zahlenmäßig erheblich größeres. Auch dafür erwarte man von der Staatengemeinschaft bitteschön eine Lösung.

Wie diese Geschichte ausgegangen ist, wissen wir.

Regel Nr. 5:
• • • • • • • • • • • • •

Geschichte lässt sich nicht vergleichen?
Dass ich nicht lache!

Eine Frage der Haltung

Die Wahl Donald Trumps markiert den Beginn eines genau absehbaren Unheils, einer ausbeuterischen Kooperation von Autokraten, die an die Stelle einer demokratischen Regierung das Management eines durch nichts aufgehaltenen räuberischen Unternehmens setzen. Menschenrechte, Ökologie, Humanismus? Hühnerscheiße! Damit ist es nun erklärtermaßen vorbei.

Und wie reagieren die aufgeklärte Öffentlichkeit, wie die Medien und die Wirtschaft darauf? In den Feuilletons und Magazinen wird sogleich routiniert die paternalistische Differenzierungs-, Verstehens- und Analysemaschine angeworfen. Man macht sich Vorwürfe: zu arrogant und ignorant sei man gewesen, zu wenig habe man an die Globalisierungsverlierer gedacht, ja, verächtlich habe man sie behandelt. Und als wäre Sozialpolitik in Amerika nicht eine ganz andere Sache als hierzulande, kommt auch hier aus allen Ecken der etablierten und mehr oder weniger ehemaligen Volksparteien das geradezu panische Versprechen: Nun endlich werde man auf die Ängste, Besorgnisse und Wutanfälle der »kleinen Leute« hören! Schließlich waren es ja auch die armen weißen abgehängten Männer aus dem deindustrialisierten Rust Belt, die vor Enttäuschung über das Ableben des amerikanischen Traums den Menschenfeind aus Manhattan gewählt haben.

Ja, und damit haben die armen weißen abgehängten Männer aus dem Rust Belt jetzt automatisch recht? Und ihre weißen Frauen? Oder wie soll man die sonderbaren Selbsteingeständnisse von Politikversagen verstehen, die nach Trumps Wahl allenthalben abgelegt werden, auch und besonders in Deutschland? Sogar die Frankfurter Allgemeine Zeitung, bis dahin nicht als Fachblatt für Unterschichten bekannt, hat gleich mal eine große Reportage über die »kleinen Leute« geliefert, und die Süddeutsche Zeitung den plötzlich »großen kleinen Mann« porträtiert. Bitte? Zittert das Bürgertum gleich, weil es fürchtet, dass ihm von den kleinen Männern Schläge angedroht werden?

Unmittelbar nach der Trumpwahl hat der Drehbuchautor und Oscar-Preisträger Aaron Sorkin etwas völlig Gegenteiliges gemacht. Er hat einen Brief an seine Tochter und deren Mutter geschrieben und ihn auch in der Zeitschrift »Vanity Fair« veröffentlicht. Darin heißt es: »Nicht nur Donald Trump hat gewonnen – auch seine Unterstützer. Sexisten, Rassisten, Idioten. Junge weiße Männer, die denken, Rap-Musik bedrohe ihren Lebensstil, feiern den Sieg. (…) Aber: Wir sind nicht allein. Millionen Amerikaner und Milliarden Menschen auf der Welt fühlen dasselbe. (…) Und wir werden verdammt noch mal kämpfen! (…) Amerika hat gestern Abend nicht aufgehört, Amerika zu sein – wir haben nicht aufgehört, Amerikaner zu sein.«

Sorkin bringt genau auf den Punkt, worum es jetzt gehen muss: nicht um die zerquälte Analyse, sondern um die Verteidigung der Werte der Offenen Gesellschaft. Warum sollen die plötzlich als schwach gelten oder gar entwertet sein, wenn eine leider große Zahl von Menschen, die menschenfeindlich eingestellt sind, sich für eine Politik entscheiden, die ausdrücklich für Frauen- und Ausländerfeindlichkeit, Umweltzerstörung, neoliberale Wirtschaft, Gewaltbereitschaft und -verherrlichung und Verachtung der Bürgerrechte steht? Ah ja, auf die müssen wir jetzt Rücksicht nehmen, die weißen Männer sind ja so sensibel, wie Clint Eastwood.

Auch hierzulande sollen wir, als wäre das nicht ohnehin im Überfluss geschehen, noch mehr hinhören auf die vorgeblichen Ängste und Besorgnisse derjenigen, die sich für die frauen- und ausländerfeindliche, umweltignorante, neoliberale und ausgrenzende Politik einer Partei einsetzen, deren Marketing darin besteht, pausenlos skandalisierbare Sätze zu sprechen, die dann von Politik und Medien getreulich eine Woche lang mit dem Ausdruck tiefster Empörung wiederholt werden – so lange, bis jeder glaubt, die seien jetzt irgendwie Allgemeingut geworden und also sagbar.

Hat sich immer noch nicht herumgesprochen, dass exakt die verbale Grenzüberschreitung das Mittel ist, mit dem die Neurechten Millionen und Abermillionen an Werbeausgaben sparen? Weil sie ihre dummen und verächtlichen Begriffe und Aussagen hunderttausendfach von all den besorgten Wiederkäuern in Politik und Medien wiederholen lassen, so lange, bis auch der Letzte mitgekriegt hat, dass manche Menschen es angeblich für ein Problem halten, Jérôme Boateng als Nachbarn zu haben. Dieses Marketingverfahren der kalkulierten Grenzüberschreitung ist seit dem prototypischen Siegeszug von Jörg Haider in Österreich erprobt und immer erfolgreich.

So geht seit nunmehr zwei Jahren die Behauptung durchs Land, die Menschen hätten Angst. Aus dieser Behauptung resultiert in Politik und Medien wiederum Angst, und zwar Angst vor Leuten, die vorgeben, Angst zu haben, womit wir wieder bei den kleinen weißen Männern wären. Denn die Leute, die sich unter dem Namen Pegida, Pogida, Bigida und ähnlich Dusseligem versammeln, erzählen ja die tolle Geschichte, dass sie Ängste und Besorgnisse hegen, die weder von Politik noch Medien gehört werden. Politik und Medien hingegen machen seither nichts anderes, als aus völlig unerfindlichen Gründen zu befürchten, dass die Ängste und Besorgnisse dieser Menschen, die vorgeben, welche zu haben, von ihnen nicht gehört werden, weshalb sie desto intensiver auf sie hören. Ja, so sehr, dass sie in ihrem ganzen intensiven Eingehen »auf-die-Ängste-und Besorgnisse« dieser Leute, eine ganz neue Partei hochdebattiert und -geschrieben haben, die sich ebenfalls der »Überfremdung« und »Umvolkung« und andere Absurditäten fürchtenden Menschen annimmt, ihrerseits aber vor wirklich furchterregenden Phänomenen wie etwa dem Klimawandel oder dem digitalen Überwachungsstaat so gar keine Angst hat.

Das ist insofern nicht verwunderlich, als es sich hier zwar um eine Partei der Menschenfeinde handelt, keineswegs aber solchen aus der Unterschicht, sondern ganz im Gegenteil aus der Gruppe der Besserverdienenden. Gutverdienende Menschen mit menschenfeindlichen Einstellungen sind logischerweise gegen alles, was sie in der Bräsigkeit ihres beharrlichen Einverstandenseins mit Ungleichheit, Ungerechtigkeit, Naturzerstörung, Ausbeutung usw. irritieren könnte. Menschenfeinde aus der Unterschicht und der unteren Mittelschicht wählen nun also Menschenfeinde aus der gehobenen Mittelschicht, in der irrigen Annahme, diese würden ihren Ängsten und Besorgnissen abhelfen, woran diese wiederum im Traum nicht denken. Genau diese Ängste und Besorgnisse sind doch ihr politisches Kapital, das sie künftig weiter zu mehren gedenken.

Da ist es von Vorteil, dass die Ängste und Besorgnisse aller Menschenfeinde ohnehin reine Erfindungen sind, denn die meisten von ihnen haben ja zum Beispiel noch nie einen Muslim gesehen, geschweige denn je mit einem zu tun gehabt. Ängste haben sie vielleicht davor, dass irgendjemand mehr hat als sie, dass sie »Bauer sucht Frau« auf RTL verpassen oder irgendein Computerspiel nicht kopieren können. Vielleicht haben einige von ihnen auch Angst, zu dick zu sein, oder zu doof, um zu kapieren, worum es in einer freiheitlichen Demokratie eigentlich geht.

Aber Ängste und Besorgnisse, die irgendjemand aus der Politik oder aus den Medien ernst nehmen sollte, haben weder die schlecht- noch die besserverdienenden Menschenfeinde; schließlich leben sie ja allesamt in einer Gesellschaft, die sie zwar beseitigen möchten, die aber sicherstellt, dass sie alle in dieser Gesellschaft auskömmlich und angstfrei leben können, auch wenn sie noch so viel hassen und noch so doof sind. Diesen komplizierten Sachverhalt müsste man den Politikerinnen und Politikern erklären, damit sie aufhören, auf den Reklamequatsch hereinzufallen, die Neurechten seien bloß »besorgte Bürger«. Sie sind weder besorgt noch Bürger in einem republikanischen Sinn, sondern Menschen, die – wenn überhaupt vor irgendetwas Wirklichem – Angst vor der Freiheit haben. Die Art und Weise, wie bislang mit diesen Leuten öffentlich umgegangen wird, hat Herbert Marcuse vor einem halben Jahrhundert auf den Begriff gebracht: repressive Toleranz. Das ist die Toleranz gegenüber den Feinden der Freiheit und des Rechts, und die ist grundfalsch. Man darf diesen Leuten nicht die Motive unterstellen, die sie selbst zu haben vorgeben. Sondern man muss sie bekämpfen. Das kann man in einem freien Land ganz angstfrei tun.

Anstatt ihnen auf den Leim der vorgeblichen Besorgnis zu gehen, muss man ihre Bestrebungen, eine Ausgrenzungsgesellschaft autokratischen Typs herzustellen, angreifen. Offene Gesellschaften haben grundsätzlich mit Feinden zu rechnen: mit Menschen, die Freiheit und Demokratie verachten und Ambivalenzen nicht aushalten wollen. Offene Gesellschaften müssen mithin immer verteidigt werden, sie sind nie sicher und niemals gegeben. Sie leben vom aktiven und wachen Einsatz ihrer Bürgerinnen und Bürger, die sie gegen die Freiheitsfeinde verteidigen, immer dann, wenn es nötig ist. Jetzt ist es nötig.

Darf ich an dieser Stelle darauf hinweisen, dass das

Wählerpotential der AfD bundesweit auf etwa 12 bis 15 % taxiert wird, dass sie in Landtagswahlen selbst in der alt- und neurechten Hochburg Sachsen-Anhalt nicht mehr als ein knappes Viertel erreichen konnte und dass Umfragen zeigen, dass mehr als zwei Drittel der Deutschen Fremdenfeindlichkeit und rechtsextreme Gewalt für die größte Gefahr für Deutschland halten, noch vor dem islamistischen Terror und vor dem Anwachsen der Flüchtlingszahlen? Wenn ich Politiker einer etablierten Partei wäre, würde ich daraus den rational wie emotional eigentlich einzig möglichen Schluss ziehen: dass ich verdammt noch mal die Guten, nämlich die demokratischen und menschenfreundlichen Leute im Land stützen und unterstützen und fördern sollte! Und zwar gegen die dezidierten Feinde der Demokratie und der Offenen Gesellschaft. Die Weimarer Republik ist nicht gescheitert, weil die Demokratie zu viele Feinde hatte, sondern zu wenig Freunde.

Und damit zurück zum »kleinen Mann«: Die wichtigere Frage als die, was ihn umtreibt, ist doch wohl die, wer denn für die Zerstörung seiner Aufstiegsperspektiven, für das Prekariat, für die gnadenlose Wettbewerbskultur verantwortlich ist, die eben nicht nur in den USA zum Abhängen der sogenannten kleinen Leute geführt hat. Was wir jetzt sehen, ist doch das Ergebnis einer politischen Ära, in der Konzerne von fast jeder Sozial- und Gemeinwohlorientierung frei gemacht wurden und seither global daran arbeiten, dass Menschen wirtschaftlich unsicherer und eben nicht sicherer leben. Nicht die klei-

nen Männer sind das Problem, sondern die großen, von BlackRock, Monsanto, Google und so weiter.

Und weil in der politischen Kommunikation das alles schief ist und weiterhin schiefer zu werden droht, bedarf es im Sinn von Aaron Sorkin eines Rucks: in Gestalt einer starken bürgerschaftlichen Bewegung, die für die Offene Gesellschaft auf der Basis des Grundgesetzes eintritt. Das schließt Kritik an den Fehlentwicklungen der letzten Jahrzehnte ausdrücklich ein; nur müssen wir als

Mehrheit die Themen setzen, unsere Themen, und sie uns nicht von den Rechten vorgeben lassen. Und: Demokratie lebt von Kritik und Dissens, aber gelegentlich muss sie auch einfach mal verteidigt werden.

Deshalb gilt für die etablierten Parteien: Nehmt den Rechten die Themen weg, setzt eigene. Um Lobbys zu kontrollieren und zu beschränken, bekommt Ihr jede Unterstützung (außer von den Lobbys). Um soziale Ungleichheit zu bekämpfen, schon weniger, aber traut Euch endlich wieder, das zum Thema zu machen. Und sagt ruhig mal, dass diese Gesellschaft zwar nicht perfekt, aber verdammt gut ist. Sagt, was Ihr daran verteidigen wollt.

Und wir, der Souverän? Wir können uns für die Demokratie und die Offene Gesellschaft einsetzen. Eine soziale Bewegung, das hat nicht zuletzt die Bürgerrechtsbewegung in der DDR gezeigt, die zum Fall der Mauer geführt hat, braucht die gemeinschaftliche Aktion vor Ort – Demos, Flashmobs, Debatten, Tafeln, Musikfestivals und noch alles Mögliche, wo Menschen zusammenkommen und sich vergewissern können, dass sie nicht allein sind mit ihrer Überzeugung, dass diese Gesellschaft es wert ist, verteidigt zu werden. Das geht im Privaten wie im Job: Da sind die Studies und die Lehrenden an den Universitäten genauso gefragt wie die Gewerkschaften, die Redaktionen genauso wie die Helene Fischers, aber auch jeder CEO und überhaupt jeder Einzelne, wenn sein Unternehmen, seine Partei, sein ausländerfeindlicher Onkel Teil von falschen Entwicklungen wird. Man muss endlich wieder in die Konflikte zu gehen lernen. Und sich damit angreifbar und verletzlich machen und das aushalten.

Das geht auch an die Adresse der jungen Frauen und Männer: Schließlich waren sie in England mehrheitlich genauso gegen den Brexit wie in den USA gegen Trump. Gut. Aber dann müsst Ihr auch dafür eintreten, dass Ihr gegen den Marsch nach Gestern seid. »Ich will Experimente. Ich will Zukunft.« Sagt Caspar Shaller, ein junger ZEIT-Redakteur. Sehr gut. Es gibt aber in einer Demokratie niemanden, bei dem man Experimente und Zukunft bestellen kann. Man muss die Experimente eben machen, Zukunft herstellen, zeigen, was in so einer Gesellschaft geht. Und nur in so einer.

Hört auf zu liken, hört auf durchzublicken. Hört auf zu glauben, dass Ihr etwas tun könnt, ohne Euren Arsch zu bewegen. Die Euch die Zukunft klauen und aus Eurem Land ein Gerontomuseum mit Deutsches-Volk-Dauerausstellung machen wollen – all diese Siebzigjährigen und AfD-CSU-Frühvergreisten, denen die Liberalität und Modernität und Weltoffenheit schon lange ein Graus war – müsst Ihr bekämpfen und ihnen praktisch sagen und zeigen und vorführen: »Ihr habt Eure Zukunft hinter Euch, und nur weil Ihr die Vergangenheit liebt, lassen wir unser Land noch lange nicht in eine muffig riechende Mottenkiste zurückbauen!« Okay?

Regel Nr. 6:
....

Die Bürgergesellschaft setzt die Themen.

Schwere Zeiten

»Ich sag immer: Hey Leute, was regt Ihr Euch auf?
Das ist jetzt einfach 'ne neue Phase.«

Schülerin zur »Flüchtlingskrise«

Historische Epochen laufen nicht mit der immer gleichen Geschwindigkeit ab. Es gibt Zeiten, in denen sehr
viel passiert; in anderen geschieht nur wenig. Der legen-
däre und früh verstorbene Popsänger Falco hat einmal
den schönen Satz gesagt: »Wer sich an die 80er erinnern
kann, der hat sie nicht erlebt!«, und gewiss war das aus
westeuropäischer und amerikanischer Sicht ein Jahrzehnt, in dem bis 1989 tatsächlich wenig geschah, was
das kollektive Gedächtnis aufbewahren würde. Dagegen
war das Jahrzehnt zuvor durch die Ausläufer der Stu-
dentenbewegung, den Terrorismus, die aufkommende
Ökobewegung und die Proteste gegen Atomkraftwerke,
den Nato-Doppelbeschluss, Gorleben und die Start-
bahn West eine höchst aufgeregte Zeit, vom Ende der
1980er Jahre mit dem Zusammenbruch des Ostblocks
und seiner Einmündung in die Jugoslawischen Zerfalls-
kriege und in eine neue, allerdings nur mit kurzer Halb-
wertszeit versehene Weltordnung ganz zu schweigen.
Seither geht es anscheinend drunter und drüber, mit
Nine-Eleven, dem Krieg gegen den Terror, dem Klima-

wandel, der Digitalisierung, der Finanzkrise, dem Niedergang des Europäischen Projekts, der Ukraine- und Krimkrise, dem Erstarken des Rechtspopulismus und und und – was eine solche Verdichtung von Veränderungsmomenten mit sich bringt, dass selbst gestandene Nachrichtenprofis wie Claus Kleber ratlos in der eigenen Sendung konstatieren, dass sie eine solche Häufung von negativen Ereignissen noch nicht erlebt hätten.

Zu dem Eindruck, dass kein Stein mehr auf dem anderen bleibt, tragen verstärkend noch das Netz und die sozialen Medien bei, die die Zeitspanne zwischen Ereignis und Bericht auf null verkürzen und demgemäß auch zu einer Mitteilungsdichte geführt haben, die es vor diesen Medien einfach nicht gab. Vielleicht passiert also gar nicht mehr, sondern es wird nur mehr von dem bekannt, was eben so passiert?

Ein Durchschnittschinese, der in den 1950er Jahren geboren wurde, hat jedenfalls viel mehr Veränderung erlebt als ein Westdeutscher gleichen Jahrgangs, jemand aus Vietnam, Kambodscha, Mittelamerika, Südafrika usw. auch, uns fällt es nur besonders auf. Auch, weil die Veränderung uns vor allem negativ betrifft oder mindestens als Bedrohung empfunden wird – geopolitische und globalwirtschaftliche Bedeutungsverluste sind eben eine unangenehme Sache.

Nur vor diesem Hintergrund lässt es sich wohl einordnen, dass ein gut gekleideter Endfünfziger beim Tag der offenen Tür im Bundeskanzleramt einem ZDF-Interviewer allen Ernstes mitteilt, er erwarte mehr Führung, »in so schweren Zeiten wie heute«. Schwere Zeiten? In einem Land, in dem Frieden, Vollbeschäftigung und Steuerüberschüsse herrschen? In dem die Leute hauptsächlich davon gestresst sind, dass sie sich dauernd etwas Neues bei amazon und Zalando bestellen und das dann wieder zurückschicken müssen? Oder umgekehrt: schwere Zeiten? Wo die weit überwiegende Mehrzahl aller terroristischen Anschläge in muslimischen Ländern stattfindet, wo islamistische Gruppen Hunderte Mädchen entführen und Zigtausende Menschen drangsalieren, wo weltweit 65 Millionen Menschen auf der Flucht sind?

Der zitierte Mann hat sehr zu seinem Glück offenbar noch nie etwas erlebt, was sich ernsthaft als »schwer« bezeichnen ließe, weshalb seine verzärtelte Wahrnehmung der Wirklichkeit wohl auf eine ungute Verschwisterung von Sattheit mit Hysterie zurückzuführen ist. Wie kommt so etwas?

Ganz zweifellos wirken die Direktmedien wie die sozialen Netzwerke und obskuren Nachrichtenportale aller Art als Verstärker selektiver Ängste – einfach, weil die Besonnenen im Unterschied zu den Dauererregten nicht jede vermeintliche Beobachtung von irgendetwas zusammen mit der eigenen Reaktion darauf der ganzen Welt mitteilen zu müssen meinen. Dazu kommen, wie wir seit dem amerikanischen Wahlkampf wissen, die Bots, also automatisch generierte Massenmitteilungen, die daherkommen, als hätte jemand sie persönlich verfasst. Daraus folgt automatisch eine quantitative Steigerung hysterischer Kommunikation – wo früher die 20 Prozent Menschenfeinde, die eine Gesellschaft immer hat, kommunikativ unter sich blieben, können sie sich heute so äußern, dass sie von 80 Prozent wahr- und von 50 Prozent ernstgenommen werden, was dafür reicht, ihren fatalen Weg in die Medien und von dort aus in die etablierte Politik zu machen.

Ein Schlüsseltheorem der Sozialpsychologie lautet: »Wenn Menschen Situationen für real halten, dann *sind* diese in ihren Folgen real.« Die Wahrnehmung der Wirklichkeit kann komplett verzerrt sein, aber was die Menschen aufgrund dieser Wahrnehmung tun, schafft nichtsdestoweniger Tatsachen. Und so sind es auch unbegründete Ängste, gefühlte Überforderungen und nicht zuletzt Problemverschiebungen, die eine Gesellschaft verändern können. Und besonders fatal ist das, wenn darauf mit einer Politik der Angst reagiert wird.

Wie sehr William Thomas, der das obige Theorem vor mehr als hundert Jahren aufgestellt hat, recht hatte, zeigt die Rede vom »postfaktischen Zeitalter«. Irgendjemand hat diesen Begriff erfunden, weil sowohl im Kampf um den Brexit als auch im US-amerikanischen Wahlkampf schamlos gelogen wurde, und zwar erfolgreich. Menschen glauben auch den offensichtlichsten Lügen, und zwar dann, wenn es ihnen in den Kram und in ihr Weltbild passt. Tatsächlich neigen wir alle dazu, Informationen zu suchen, die unsere Sicht der Dinge bestärken und gerade nicht in Frage stellen, und das Ausnutzen dieser psychologischen Schwäche ist große Mode geworden, insbesondere seit es die sogenannten sozialen Netzwerke gibt, in denen man ungeprüft den größten Blödsinn kommunizieren kann. Und in denen unendlich viele Leute diesen größten Blödsinn glauben, wenn er ihnen in den Kram passt.

Lügen bleiben aber Lügen, und es nützt überhaupt nichts, dem Phänomen einen Namen zu geben wie »postfaktisches Zeitalter«. Das Leben beruht nach wie vor auf Tatsachen, und besonders politische Entscheidungen sollten das tun. Wenn man jetzt mit den Achseln zuckt und wissend-lässig von »postfaktisch« spricht, verzichtet man darauf, Lügner als das zu bezeichnen, was sie sind: Menschen, die mit Absicht die Unwahrheit sagen. Ich glaube, man kann die Entpolitisierung unserer Welt genau daran ablesen: dass man lieber eine schicke Formulierung findet, in die ein Sachverhalt gegossen werden kann, als ihn beim Namen zu nennen. Weil man damit möglichen Konflikten aus dem Weg geht. Es ist ja viel harmonischer, sich darauf zu einigen, man lebe jetzt gemeinsam im »postfaktischen Zeitalter«, als jemandem ins Gesicht zu sagen: »Sie lügen. Und wir wissen auch warum!«

Überhaupt ist der nachlässige Umgang mit Begriffen höchst gefährlich für die Demokratie. Begriffe sind nicht nur austauschbare Wörter, sondern definieren, was man und wie man etwas wahrnimmt. So macht es einen starken Unterschied, ob ich von »Volk« oder von »Bevölkerung« spreche: Im ersten Begriff schwingt eine biologische Zugehörigkeit mit, im zweiten eine soziale. Wenn ich dann von »völkisch« spreche, schreibe ich dem »Volk« bestimmte unveränderliche Eigenschaften zu, und wenn ich dann noch »Umvolkung« sage, wenn es um Migration geht, deute ich die veränderte Zusammensetzung einer Bevölkerung als biologischen Eingriff. Von dort ist es dann nicht mehr weit bis zu »artfremd« und »entartet«, und schwupps landen wir beim »Wörterbuch des Unmenschen«. Das gab es nach dem Untergang des Nationalsozialismus, und man kann dort nachschlagen, welche Begriffe erst unter der Nazi-Herrschaft erfunden oder prominent geworden sind. Noch ein Beispiel, bei dem es einem wirklich gruseln kann: Rassistische Schimpfbezeichnungen gehörten zum Alltag, wenn man etwa in Deutschland als Kind sogenannter Gastarbeiter aufgewachsen ist. Für italienstämmige Kinder gab es die »Spaghettifresser«, für türkischstämmige die »Kümmeltürken«, für Asiaten die »Fidschis« und vieles anderes mehr. Schimpfbezeichnungen solcher Art, eklig wie sie sind, knüpfen aber entweder an (unterstellte) Eigenschaften oder (vermutete) Herkünfte an, sehen also immerhin noch einen Menschen, der Eigenschaften trägt oder irgendwoher kommt. Heute kursiert im Netz vor allem der Begriff »Viehzeug«, und den Unterschied muss ich nicht ausführen. Seine Folgen auch nicht.

In Phasen hoher Veränderungsdichte sind Demokratie und freiheitliche Ordnungen immer auf dem Rückzug, und oft wird der Wunsch nach Erwartungssicherheit so übermächtig, dass autokratische Regierungen gewählt werden. Wir können das an Epochen wie zwischen 1914 und 1933 sehen – geprägt von einer Kaskade von Krieg, Revolution, Abstieg von Nationen, Kulturbrüchen, Inflation, Weltwirtschaftskrise – oder auch in der Gegenwart an den Beispielen Russland, Polen, Ungarn, Slowakei, nicht zuletzt aber auch England und

Frankreich. Die Veränderungsgeschwindigkeit nimmt zu, der Wunsch nach Freiheit nimmt ab.

Regel Nr. 7:
....

Lügen sind Lügen.

Mein Beitrag zum postfaktischen Zeitalter

- Rechtspopulisten sind gegen das Establishment.

- Die Vergangenheit ist selbstverständlich besser als die Gegenwart.
Von der Zukunft ganz zu schweigen.

- Zukunft ist überhaupt eine Erfindung der Linken.

- Deutschlandfahnen werden in Deutschland hergestellt.

- AfD-Wähler verfügen über Schulabschlüsse.

- Es gibt nur weiße Deutsche in Deutschland.

- Klimawandel ist eine Erfindung nichtweißer Deutscher.

- Neurechte sind keine Nazis.

- Humanität ist auch so eine Erfindung der Nazis.

Wie der Neoliberalismus
zur Entpolitisierung geführt hat

Neulich auf einer Veranstaltung im Deutschen Theater in Berlin. Ich halte einen Vortrag über die Offene Gesellschaft und über meine Überzeugung, dass man rechte Demokratiefeinde nicht mit Verständnis und Dialog bekämpfen kann, sondern nur mit Haltung, Konfliktbereitschaft, Eintreten für die Demokratie. In der Diskussion meldet sich eine Transperson und berichtet, »Syrer« hätten ihn (oder sie oder es) attackiert, weil er (bitte das »sie« oder »es« mitdenken) eben in Frauenkleidern herumlaufe, obwohl er dem Augenschein nach, jedenfalls in den Augen genderunsensibler Menschen, mit dem männlichen Phänotyp ausgestattet ist. Auf die Rückfrage hin, woher er denn wisse, dass es sich um Syrer gehandelt habe, antwortete er: Na, das sei doch klar, auf jeden Fall Flüchtlinge, denn die könnten ja als Muslime Menschen wie ihn nicht akzeptieren, weshalb er auf jeden Fall dagegen sei, all diese Leute ins Land zu lassen. Sprach's und zog sich den Rock gerade.

Diese kleine Episode führt mitten hinein in ein Problem: Sie zeigt, dass partikulare Ansprüche auf Anerkennung und gleiches Recht ganz unkompliziert mit Ausgrenzung und rassistischen Vorurteilen einhergehen können. Wenn man nämlich in der besseren Position ist. Wie so ein Theaterbesucher und Bewohner des reichen Westens gegenüber den Habenichtsen, die von irgendwoher in »sein Land« kommen. Und was hat das nun mit Neoliberalismus zu tun?

Eine Menge, ist doch der ideologische Kern des Neoliberalismus ein radikaler Individualismus. Am schlichtesten und eindeutigsten hat das Margaret Thatcher formuliert, als sie mitteilte, so etwas wie Gesellschaft gebe es nicht, es gebe nur Individuen. Und die, das lernen die Menschen seither fast überall auf der Welt, haben ihre Haut im globalisierten Wettbewerb zu Markte zu tragen, und dafür müssen sie leistungsbereit und leistungsfähig, gebildet, qualifiziert und anpassungsfähig sein, dazu gesund, flexibel und am besten dynamisch, unternehmerisch, kurz: zu allem bereit. Das neoliberale Projekt braucht ein Kollektiv von Ich-AGs, um seine Religion, den Markt, erfolgreich gegen staatliche Einflussnahme abzusichern.

Denn der Universalismus, der den westlichen Nachkriegsgesellschaften auch und gerade wegen des Zivilisationsbruchs Holocaust ihre normative Grundlage gegeben hatte, setzt sozialstaatliche Vorsorge – etwa in den Bereichen Bildungs-, Gesundheits- und Sozialversorgung, aber auch in der Durchsetzung von Minderheitenrechten – zwingend voraus. Und weder die Allgemeine Erklärung der Menschenrechte noch das deutsche Grundgesetz gehen davon aus, dass ein Markt die Lebens- und Überlebensverhältnisse von Individuen und Gruppen regeln könne; dazu bedarf es eines Gemeinwesens, das Gerechtigkeit eben auch für die durchsetzen und garantieren soll, die das aus eigener Kraft nicht können.

Der moderne westeuropäische Sozialstaat der Nachkriegsjahrzehnte mit seinem historisch ganz unvergleichlichen Standard von Gerechtigkeit und Teilhabe war universalistisch begründet und garantierte eben auch jenen Teilhabe und Chancen, die sich mit schlechterem Gepäck in ihren Lebensweg aufmachten. Dieser Universalismus ist mit dem Siegeszug des Neoliberalismus aber ganz praktisch und handfest durch Rückbau des öffentlichen Sektors, Heruntersparen von Daseinsvorsorge, sozialem Wohnungsbau, Bibliotheken, Sportstätten usw. immer mehr durch eine gesellschaftliche Praxis ersetzt worden, in der die am besten wegkommen, die die besten Ausgangspositionen und Machtmittel haben und die in der Ökonomie der Aufmerksamkeit die vorderen Ränge belegen. Mit anderen Worten: Wer viel einzubringen hat auf dem Markt, kann auch viel gewinnen, wer wenig einzubringen hat, verliert – und logischerweise im Lauf der Zeit immer mehr. Weshalb die Reichen immer reicher geworden sind in den letzten Jahrzehnten. Und die öffentlichen Institutionen immer ärmer.

Zugleich wurde der Kampf um symbolische Anerkennung sehr erfolgreich geführt. Und je größer die Erfolge etwa der Schwulenbewegung in den reichen Ländern wurden, desto besser gelang auch die Etablierung rechtlicher Gleichstellungen. Eingetragene Lebensgemeinschaft, Adoptionsrecht für gleichgeschlechtliche Paare usw. sind ganz zweifellos begrüßenswerte zivilisatorische Fortschritte und haben unsere Gesellschaft besser gemacht. Nur führen sie unter nicht-universalistischen

Vorzeichen dazu, dass man das, was man selbst nicht zeugen, sich aber leisten kann, woanders einkauft – weshalb ein Markt für zum Beispiel Leihmütter in Weltgegenden entstanden ist, denen es in keiner Hinsicht ganz so gut geht wie den erfolgreichen Kämpfern für oder Nutznießern von Diversity hierzulande. So ist eine unsichtbare Form von Ungleichheit und Ungerechtigkeit entstanden, die handfest und brutal auf materieller Ungleichheit basiert.

So etwas wurde, wenn man sich die letzten Jahrzehnte so anschaut, eher nicht zum Hauptthema des Feminismus, auch nicht der Linken oder der Sozialdemokratie. Warum nicht? Weil, und das ist der springende Punkt, sich die gesellschaftspolitischen Auseinandersetzungen in der neoliberalen Ära vom Kampf um soziale Gleichheit auf den um symbolische Anerkennung verlagert haben. Anders gesagt: Sozialpolitik verwandelte sich in Anerkennungspolitik, die Armen wurden vergessen. Statt um Gerechtigkeit ging es nur noch um Anerkennung. Und etwas Besseres hätte dem neoliberalen Projekt schlechterdings nicht passieren können.

Heute ist ja viel von den sogenannten Globalisierungsverlierern die Rede, die angeblich die Hauptwählergruppe der Neurechten bilden. Aber diese sind nicht die Verlierer eines Naturgeschehens, sondern einer Abkehr des Staates von universalistischen Prinzipien: Je weiter die Globalisierung voranschreitet, desto mehr werden die Individuen im Regen des launischen Marktes stehengelassen. Die Unternehmen gehen dorthin, wo die Arbeitskraft am billigsten ist, oder sie drohen damit und erhöhen dadurch kontinuierlich den Druck auf die Politik. Der Soziologe und Publizist Ralf Dahrendorf hat die Folgen dieser Entwicklung schon vor fast zwanzig Jahren in einem hellsichtigen Artikel vorhergesehen: »Mittlere und untere Einkommen stagnieren: Die für Generationen kennzeichnende Erwartung steigender Realeinkommen gilt nicht mehr. Zugleich wachsen die Spitzeneinkommen, ja überhaupt die oberen zehn Prozent Einkommen, außerordentlich. Die Einkommensschere öffnet sich, nachdem sie sich jahrzehntelang tendenziell geschlossen hatte. Es entsteht eine neue Kategorie von Superreichen.« Schrieb Dahrendorf im November 1997. Und sah auch exakt die Folge, die uns heute so beschäftigt: »die Gefährdung des sozialen Zusammenhalts. Globalisierung bedeutet, dass Konkurrenz groß- und Solidarität kleingeschrieben wird.« Das, so Dahrendorf lapidar, sei der Demokratie »nicht förderlich. Globalisierung vollzieht sich in Räumen, für die noch keine Strukturen der Kontrolle und Rechenschaft erfunden sind, geschweige denn solche, die den einzelnen Bürger ermächtigen. (…) Globalisierung ersetzt die Institutionen der Demokratie durch konsequenzlose Kommunikation zwischen den Individuen.« Also: Anerkennung statt sozialer Sicherung. Seine Schlussfolgerung: »Ein Jahrhundert des Autoritarismus ist keineswegs die unwahrscheinlichste Prognose für das 21. Jahrhundert.«

Warum ist die Rechte heute besonders in den Ländern stark, die vorher zum Sowjetreich gehörten? Weil, wie Philipp Ther in seiner Studie »Die neue Ordnung auf dem alten Kontinent« akribisch nachgezeichnet hat, gerade dort, wo zuvor der real existierende Sozialismus mit seinen Versorgungsversprechen herrschte, nun die individuellen Schicksale auf sich selbst gestellt wurden – mit den entsprechenden Bewältigungsproblemen, denn so schnell können sich eben nicht alle anpassen, und besonders die nicht, die vor allem mit der bloßen Sicherung ihrer Existenz befasst sind. Leichter fällt das den akademisch gebildeten, globalisiert aufgestellten und kosmopolitisch-liberalen Mittelklassenangehörigen, denen es folgerichtig nicht mehr um soziale Gerechtigkeit, sondern um symbolische Anerkennung von diesem oder jenem ging, immer vorausgesetzt, es kostete nichts.

Heute empört man sich nicht über soziale Ungleichheit, sondern über das Benennen individueller Ungleichheit, regt sich über »kulturelle Hegemonie« und »Mikroaggressionen« auf statt darüber, dass die Bildungsungleichheit heute größer ist als vor einem halben Jahrhundert, und ängstigt sich vor »Parallelgesellschaften«, nicht aber davor, dass Innenstädte von Metropolen wie Berlin voll von leerstehenden Luxuswohnungen sind, die sich die globalisierte Oberklasse zugelegt hat, weil so das Geld doch gut angelegt ist.

Einer solchen sozial vererbten Ungleichheit wollte die Sozialdemokratie zu Zeiten eines Willy Brandt universalistisch durch die Öffnung des Bildungssystems beikommen; heute lässt man Schulen und Lehrkörper verwahrlosen und nennt die Sparmaßnahmen »Inklusion«. Man fährt den sozialen Wohnungsbau bis auf nahe null zurück und veranstaltet dafür Konferenzen zum Thema »Vielfalt in der Stadt«. Man ignoriert soziale Spannungen und fordert »Toleranz«, und je härter die Gentrifizierung wirkt, desto mehr »Festivals der Kulturen« finden statt.

Man könnte diese Reihe endlos fortsetzen: Haben wir Linksliberale gegen Frontex demonstrieren sehen oder gegen die Schuldenpolitik infolge der vorgeblichen Eurorettung? Wo hat die Skandalisierung der Jugendarbeitslosigkeit in Südeuropa stattgefunden, wo die der Entdemokratisierung in den EU-Ländern Ungarn und Polen? Wer ist auf die Straße gegangen, als die CSU Victor Orban zu ihrer Klausurtagung eingeladen hat? Wer protestiert dagegen, dass die EU Tausende Menschen im Mittelmeer ertrinken lässt?

Die letzten Jahrzehnte, in denen das neoliberale Regime seine Herrschaft durchsetzte, haben tatsächlich auch dazu geführt, dass Minderheitenrechte symbolisch in der öffentlichen Debatte weit nach vorn gerückt sind und die Regeln des Sagbaren bestimmt haben. Das war durchaus emanzipativ und ein gesellschaftlicher Fortschritt. Er führte aber auch dazu, dass zum Beispiel stockkonservative Politiker sich in Talkshows und öffentlichen Äußerungen stark zurückhalten mussten; umgekehrt gerieten öffentliche Verfehlungen, wie etwa im Fall des FDP-Politikers Brüderle, der anzügliche Bemerkungen gegenüber einer Journalistin gemacht hatte, sofort zu einem Fegefeuer, in dem diejenigen gegrillt wurden, die die Sprachregelungen noch nicht verinnerlicht hatten.

Das heißt aber nicht, dass die, die sich Verstöße gegen die politische Korrektheit *nicht* geleistet haben, die damit verbundenen Normen auch geteilt hätten. Vielmehr kann man davon ausgehen, dass viele Rechtskonservative oder auch: alte weiße Männer und Frauen liebend gern an traditionellen Einteilungen von Menschengruppen festgehalten haben und auch deshalb die neurechte Rhetorik nicht abschreckend finden, sondern insgeheim begrüßen. Wenn die AfD etwa von ihren »linksgrün versifften« Gegnern spricht, nicken Horst Seehofer und seinesgleichen innerlich womöglich heftig und freuen sich, dass endlich mal wieder jemand sagt, was sie sich selbst so lange hatten verkneifen müssen. Man erinnere sich nur an diese Mitteilung seines Adlatus Scheuer: »Das Schlimmste ist ein fußballspielender, ministrierender Senegalese. Der ist drei Jahre hier – als Wirtschaftsflüchtling –, den kriegen wir nie wieder los.« Hätte dieser Rassist das vor zwei Jahren gesagt, hätte er sein Amt als Generalsekretär der CSU sofort niederlegen müssen. Damals hat er sicher nicht anders gedacht, aber heute darf er es sagen.

Insofern muss man realistisch sehen, dass das rassistische Weltbild von neurechten Politikern genauso wie autoritäre Politikvorstellungen auch von dem einen oder der anderen derjenigen geteilt wird, die im etablierten Parteienspektrum angesiedelt sind: Da werden Türen aufgestoßen, die mit guten Gründen gerade verschlossen worden waren. Und da das politische Spektrum keine Gerade, sondern einen Kreis bildet, kann es sein, dass sich genau in diesem Punkt alte Linke und alte

Rechte treffen. Man darf jetzt endlich mal wieder sagen, was man lange nur denken durfte, frauenfeindlich, fremdenfeindlich, menschenfeindlich.

Regel Nr. 8:
. . . .

Nicht überall,
wo Demokratie draufsteht,
ist auch Demokratie drin.

Von der Kritischen zur Läppischen Theorie

Obacht also: Nie davon ausgehen, dass sich hinter einer geäußerten Übereinstimmung auch eine tatsächliche verbirgt. Dasselbe gilt übrigens nicht zuletzt auch für einen Teil der Kulturwissenschaft, zu der ich ja selbst gehöre. Hier hat sich in Wahlverwandtschaft zum neoliberalen Regime lange Jahre eine »konstruktivistische« Theorierichtung breitgemacht, die der Philosoph Michael Hampe kürzlich zutreffend als »Ätschebätsch-Theorie« bezeichnet hat.

»Ätschebätsch« deswegen, weil diese Spielart von Kulturwissenschaft davon ausgeht, dass alles – vom Nordpol bis zur Geschlechtsidentität – »kulturell konstruiert« sei, weshalb der zarte Hinweis auf physikalische, geographische oder biologische Tatsachen nur Hohngelächter auf sich zieht, weil er nämlich blitzartig erkennen lässt, dass man leider Lichtjahre von der Höhe eines »Diskurses« entfernt ist, der mühelos alle denkbaren »Dispositive« durchdringt und eben alles, was der »Positivist« für wirklich hält, abrakadabra schon »dekonstruiert« hat. Wobei zunächst die Sprache vor die Hunde geht und ihr das Denken dann gleich folgt. Denn vor lauter Schlauheit darf hier eben keine sinnvolle Unterscheidung mehr gemacht werden, nach der es um etwas gehen muss: Die »Armut« ist ja verschwunden, sobald ich sie als »soziales Konstrukt« entlarvt habe, genau wie die Nation und die sich aus ihr ableitenden politischen Ansprüche, genau wie Herrschaft und ihre Legitimierung, wie Macht, Gewalt oder Unterdrückung.

Kann ich alles dekonstruieren, ätschebätsch, Minenarbeiter im Kongo, Ihr seid doch nur eine sozialromantische Konstruktion aktionistischer Gutmenschen im reichen Westen. Sagt doch mal ehrlich: es gibt Euch doch gar nicht, oder? Arbeitslose prekarisierte weiße Amerikaner, die Trump wählen, ätschebätsch, das doofste Konstrukt von allen war doch immer schon der »American dream« – und darauf seid Ihr reingefallen? So kommt auch ein hirnrissiger Begriff wie »postfaktisch« in die Welt, der die Unterscheidung zwischen jemandem, der die Wahrheit sagt, und jemandem, der lügt, hinfällig macht.

Diese Form des Denkens ist leider nicht einflusslos geblieben, und man spürt diesen Einfluss dort am deutlichsten, wo sofort wissenschaftlich entwertet wird, wenn Kolleginnen und Kollegen mit ihren Forschungen nicht nur die allerschönsten Theoriespitzendeckchen klöppeln, sondern mit ihnen gegenwartsdiagnostische oder gar politische Ansprüche verbinden. So gelten Geistes- und Kulturwissenschaftler, die öffentlich Stellung zu politischen Fragen beziehen oder deren Bücher sogar gelesen werden, in ihren Fachdisziplinen schnell als unseriös. Und das gehobene Feuilleton reagiert sogar noch erschrockener, wenn jemand aus seinen Forschungsergebnissen Schlüsse für politische Notwendigkeiten zieht: Dann gibt es gleich was auf den Deckel, wegen mangelnder theoretischer Flughöhe.

Nach dem Schock von 1989, der darin lag, dass absolut niemand aus diesen eigentlich zuständigen Wissenschaften den Mauerfall und den Zusammenbruch des Ostblocks vorhergesehen hatte, zog man sich in den Geistes- und Kulturwissenschaften in die Esoterik von Fachjargon und unverfänglicher Dekonstruktion von allem und jedem zurück und arbeitete damit der Entpolitisierung der Gesellschaft munter zu. Aus der kritischen wurde die läppische Theorie. Mit dem großen Vorteil, sich immer noch schlauer vorzukommen als der ganze Rest, aber tatenarm und gedankenvoll den Unsinn der profanen Welt zu durchschauen.

Diese Komfortzone wird allerdings geschlossen, wenn die Welt sich in neurechte Richtung verändert. Jede Theorie wird uninteressant, wenn die Wirklichkeit sich von einer freien in eine unfreie zu wandeln beginnt. Dann, so meine ich, muss man praktisch werden. Daher kommt es im Augenblick nicht darauf an, immer noch mal vorzuführen, wie toll man analysieren kann, sondern darauf: Stellung zu beziehen, Haltung zu zeigen und deutlich zu machen, dass das, was da draußen vorgeht, eben gleichermaßen wissenschafts-, wie kultur-, wie menschenfeindliche Absichten verfolgt.

Das heißt: Position beziehen. Und hat den großen Nachteil, sich verletzlich zu machen, denn es kann ja sein, dass man dafür angegriffen wird, was natürlich nicht passieren kann, wenn man seine Gedankenkränze nur dafür flicht, um vor Studies und Fachkollegen Eindruck zu schinden. Aber politisch werden und sein, einzugreifen versuchen, geht nie ohne Risiko, und – bitte – dieses Risiko ist extrem gering, solange wir eine offene

Gesellschaft haben. Das Schlimmste, was einem da passieren kann, ist, dass man doof gefunden wird. Kann man aushalten, wie ich aus eigener Erfahrung sagen kann. Die Offene Gesellschaft preiszugeben ist dagegen erheblich risikoreicher.

Wie sagte Roger Willemsen in seinem letzten Vortrag: »Wir waren jene, die wussten, aber nicht verstanden …, voller Information, aber ohne Erkenntnis, randvoll mit Wissen, aber mager an Erfahrung.« Also gewinnen wir mal Erkenntnis durch Tätigsein, nutzen wir mal unser Wissen für die Entwicklung einer Haltung. Hören wir auf zu wissen, ohne verstehen zu wollen.

Machen wir Dahrendorfs Prognose unwahrscheinlicher, indem wir für die Offene Gesellschaft kämpfen! Die kann gar nicht anders als universalistisch gedacht werden: Sie ist die einzige Gesellschaftsform, die durch ihren rechtsstaatlichen Rahmen sicherstellt, dass Menschen trotz unterschiedlicher Ausgangsbedingungen an Gütern wie Bildung, Mobilität, Lebenssicherheit teilhaben und als gleiche Bürgerinnen und Bürger an der Verbesserung des Lebens teilhaben können. Sie ist das erfolgreichste zivilisatorische Projekt der Geschichte, und daran gilt es weiterzubauen.

Regel Nr. 9:
· · · · · · · · · · · · ·

Schlau sein genügt nicht.
Man muss auch Schlussfolgerungen ziehen können.
Und handeln.

Eine neue Art von Aggressivität

Noch einmal zurück zum Jahr 2016: Als hätte es noch nicht genügt, dass Terrororganisationen Angst und Schrecken verbreiten, Selbstmordkommandos von der Kette lassen und gezielt Ungläubige attackieren – in diesem Jahr gingen auch, zum Beispiel in Würzburg und in München, 17-, 18jährige mit Äxten und Pistolen wahllos auf Unbeteiligte los. Die Psychologie antwortet darauf so ratlos wie die Politik: Was diese Leute, was insbesondere diese Kids umtreibt, dazu haben wir kein Expertenwissen. Deshalb bleibt das Vokabular so hilflos und bleiben die Statements aus der Politik leerer denn je, und das will ja schon etwas heißen. Wie, bitte, soll man denn Amokläufer bekämpfen? Und wo, bitte, sollen sich denn die Sicherheitsversprechen, mit denen die Innenpolitiker unserer schönen und von Tag zu Tag fragileren westlichen Welt, einlösen? Gewalt scheint als Potential allgegenwärtig und es ist lediglich Zufall, wo sie in mörderisches Handeln umschlägt.

Wie immer richtet sich die Frage nach den Ursachen auf irgendetwas, das »von draußen« kommt: ein unbegleiteter afghanischer Flüchtling, womöglich traumatisiert, trotz aller Integrationsangebote, trotz Gastfamilie nicht zivil sozialisiert, gewaltbereit. Nimmt die Axt, vermutlich, weil sie gerade da war. Oder junge Syrer stecken in Berlin einen Obdachlosen an, weil er gerade so rumlag. Und Anis Amri, schlecht integriert, außenseitig, kriminell, interpretiert sich als Vollstrecker des Dschihad, wenigstens weltweite Aufmerksamkeit im letzten Akt, ein Star im Internet, genauso wie der durchgedrehte Amokläufer von München, der ruft: »Ich bin Deutscher!«. Kein Frühwarnsystem, kein Neighbourwatch, wie es der Innenminister vorschlägt, könnte vorhersehen, wann so einer oder auch so eine final durchknallt.

Dagegen ist leider nichts zu machen, und genau deshalb fürchten Menschen in modernen Gesellschaften nichts mehr als diese unberechenbare, ungebundene Form von Gewalt. Die Menschen der Moderne sind es gewohnt und rechnen damit, dass Risiken kalkulierbar sind und ihre Erwartungen an Sicherheit, Wohlstand, Gesundheit, Teilhabe eingelöst werden. Amok und Terror bilden die Antithese zu dieser Erwartungssicherheit – und deshalb wirken sie gerade in modernen Gesellschaften so sehr schnell zersetzend, weit über das Maß ihrer faktischen Bedrohlichkeit hinaus. Die Wahrscheinlichkeit eines Verkehrstodes ist nach wie vor um ein Vielfaches höher als die, Opfer eines terroristischen Anschlags zu werden, und wir haben in Europa schon Zeiten viel intensiveren Terrorismus gesehen als heute. Nur: das mit der Unberechenbarkeit, das war früher nicht so. Der Blick auf die Ursachen und damit auf das, was man erwarten kann, findet keinen Anhaltspunkt.

Vielleicht muss man aber nur woanders hinschauen, nach innen statt nach außen. Vielleicht sollte man sagen: Die Aggression ist in unserer Gesellschaft latent, und manchmal und bei manchen wird sie leider manifest.

Eine kleine Suche in der Gegenwart findet jedenfalls ein außerordentliches Maß an Aggression in der Normalgesellschaft, und keineswegs nur auf den flatscreens in den Kinder- und Jugendzimmern, wo geballert und gemordet wird, dass die Körperteile nur so fliegen. Jeder mittlere Sonntagabendtatort liefert inzwischen eine Bildästhetik, die heraushängende Gedärme, abgehackte Hände, verbrannte Gesichter, verweste Leichen in aller Ausgiebigkeit zeigt, ohne dass auch nur das Geringste davon irgendwie wichtig wäre für die Geschichte, die erzählt wird. Auch die Staatsgewalt, etwa in Gestalt des Dortmunder Kommissars Faber, kann dort chronisch gewaltbereit sein, traumatisiert, ein Provokateur und Schläger – einer, dem es auf sich selbst nicht ankommt.

Und hier ein ganz unverdächtiger Teil der Normalgesellschaft: unsere hochgeschätzte Wirtschaft, die hochgejazzten Start-ups, die angebetete Internetwirtschaft. Wird da nicht ohne Unterlass jemand »angegriffen«, ein Unternehmen »attackiert«, ein anderes »feindlich übernommen«, ein Sektor »zerstört«? Da packt der EZB-Chef »die dicke Bertha« aus, im Aufsichtsrat von Volkswagen herrscht »Krieg«, inzwischen gibt es folgerichtig auch »Wutaktionäre« und für die Kerlchen aus der Internetwirtschaft ist »Erfolg wichtiger als das Leben«, und überhaupt »Disruption« ein Ziel an sich. Mit anderen Worten: Destruktivität ist das Signum der ökonomischen Rhetorik.

Wie es übrigens auch als sozial erwünscht gelten kann, mit riesigen Geländewagen durch deutsche Innenstädte zu pflügen, als sei überall Bagdad oder Kabul.

Ein klassisches Spießerauto wie ein Audi sieht heute von vorn aus, als würde er alle vorausfahrenden kleineren Autos inhalieren und hinten durch den Vierrohrauspuff wieder ausscheiden. Ein Volvo, früher mal die Anti-Design-Ikone des pazifistischen Gemeinschaftskundelehrers, sieht heute aus wie eine bedrohlich kippende IKEA-Schrankwand und Motorräder wie Kriegsgerät, wozu übrigens in allen Fällen das furchterregende und augenverletzende Lichtdesign hinzukommt. Man mag am liebsten gar nicht hinsehen, es macht ja auch Angst und soll es.

Das alles ist latente Aggression, die den Alltag durchzieht. Die Insassen dieser kampfästhetischen Fahrzeuge sitzen übrigens nahezu unsichtbar hinter immer kleiner werdenden Scheiben, am besten noch abgedunkelt. Man zeigt nicht mehr, wer man ist, sondern was man anrichten könnte. Ist es da übrigens rätselhaft, wieso sich in den nächtlichen Innenstädten rasant ein neuer Kult der Straßenrennen ausbreitet, deren soziopathischen Akteuren regelmäßig Fußgänger, Rad- und Kleinwagenfahrer, die nichts Böses ahnten, zum Opfer fallen? Nein, ist es nicht, denn die Soziokultur der modernen Gegenwartsgesellschaft hat ja exakt diesen Ego-Shooter in Beruf und Freizeit zum Idealtypus erhoben, der pausenlos seine Leistungsfähigkeit und seine Competition überwacht und der von sich ganz zutreffend annimmt, nur als Einzelkämpfer vorn sein zu können. »Unterm Strich zähl ich«, lautete ja schon der infame Slogan der Postbank, und das sogenannte Topmanagement, von Deutscher Bank bis Volkswagen, macht auch denen am unteren Ende der Gesellschaft vor, was das heißt und über welche Leichen man zu gehen bereit ist und sein soll.

Ach ja: Und dann wäre da noch der Sport und zum Beispiel eine Nationalmannschaft, die nach dem verlorenen Halbfinalspiel bei der WM unisono, inklusive Bundestrainer, mitteilt, man sei die bessere Mannschaft gewesen und habe das bessere Spiel gemacht. Die anderen haben gewonnen, waren aber schlechter. Ah ja. In der Halbzeitpause laufen dann so »respect«-Videos.

Ich hatte 1996 das außerordentliche Vergnügen, eines der besten Tennis-Matches aller Zeiten live zu erleben. Das war das ATP-Endspiel zwischen Pete Sampras und Boris Becker, in der Messehalle in Hannover. Nach sage und schreibe vier Stunden verlor Boris Becker, nachdem er drei Matchbälle von Sampras abgewehrt hatte. Als man ihm das Saalmikrophon hinhielt, fragte er zuerst, ob es noch derselbe Tag sei, und fügte dann hinzu: »Jetzt mal im Ernst: Das war das beste Tennis, das ich in meinem Leben gespielt habe!« Es ging da also um Sport, nicht um Destruktion, und Beckers Satz war sehr groß. Eine noblere Anerkennung der Leistung des Gewinners durch den Verlierer des Matches ist gar nicht vorstellbar.

Wie gesagt, das war vor zwanzig Jahren. Mir scheint, es wäre lohnend, alle Erscheinungsformen der neuen Aggressivität durchzumustern, die auch die Normalgesellschaft mehr und mehr prägt und spiegelbildlich natürlich zur Beunruhigung und Ängstlichkeit führt, die dann ihre Ursachen an der falschen Stelle sucht.

Und jetzt versetze man sich mal in die Weltsicht eines sich abgehängt fühlenden Randbewohners der Mehrheitsgesellschaft, dem all diese Wettbewerbsnormen und destruktiven Werte vorgelebt werden, der selbst aber – und nicht unrealistisch – gar keine Chance sieht, in diesem Kampfgetümmel irgendwie auch zu den Siegern zu gehören. Dem fehlt dann nur noch ein höherer Sinn, der sicherstellt, dass einem, wenn nichts geht, immer noch die Rolle des ultimativen Vollstreckers oder des Märtyrers oder beides bleibt. Dank der sozialen Medien mit weltweiter Sichtbarkeit.

Regel Nr. 10:
. . . .

Der Alltag muss abgerüstet werden.
Der Prozess der Zivilisation
ist kein Wettbewerb.

Viel Grund zur Beruhigung

Der schon erwähnte Sebastian Haffner berichtet, wie er am Abend des 30. Januar 1933 – Hitler war gerade zum Reichskanzler gewählt worden – völlig schockiert (»Eisiger Schreck«) mit seinem gleichfalls bestürzten Vater diskutiert. Nach der ersten Aufregung finden sie, wie Haffner schreibt, »viel Grund zur Beruhigung«: Sie sprechen darüber, wie viel Prozent der Bevölkerung eigentlich »Nazis« seien, wie das Ausland darauf reagieren wird, dass Hitler nun Reichskanzler ist, was die Arbeiterschaft wohl machen werde – was politisch denkende Bürger sich eben so überlegen, wenn etwas Unerwartetes geschehen ist. Die beiden kommen zu einem völlig falschen Schluss: diese Regierung habe nur eine äußerst schwache Basis und daher wenig Chancen, lange zu bestehen, weshalb alles in allem kein Grund zur Besorgnis vorliege.

Warum suchen die beiden nach allen denkbaren »Gründen zur Beruhigung«? Ganz einfach: Würde man das Bedrohliche nah an sich heranlassen, würde das auch eine Unterbrechung des Alltags, der Sicherheiten, ja, vielleicht auch der persönlichen Absichten und Pläne bedeuten. Es würde, psychologisch gesprochen, »kognitive Dissonanz« erzeugen, einen Zustand, der auftritt, wenn Erwartungen und Ereignisse nicht übereinstimmen. Kognitive Dissonanz wird als höchst unangenehm empfunden, man versucht daher, sie zu vermeiden oder aber möglichst schnell abzubauen. Man sucht und findet also Gründe. Zur Beruhigung.

Das ist psychologisch verständlich, politisch aber möglicherweise verhängnisvoll. Das Beispiel Hitler zeigt es in drastischer Deutlichkeit. Man sollte Menschenfeinde nicht unterschätzen, nur weil es beunruhigend ist, realistisch zu sein.

Suchen wir also Gründe zur Beunruhigung und schauen wir uns an, was den Erfolg der neurechten Angreifer der Demokratie ausmacht:

Erstens verfolgen sie, wie schon gesagt, eine höchst erfolgreiche Marketingstrategie, die in systematischer und fortgesetzter Grenzüberschreitung besteht. Diese findet zunächst auf der Ebene der Sprache statt und führt dazu, dass jede provozierende Äußerung von Medien und Politik skandalisiert, dann von den Sprechern zurückgenommen, korrigiert oder ergänzt wird, auf jeden Fall mehrere Tage öffentlich Thema ist. Wie gesagt: Diese Strategie hat in Westeuropa als Erster Jörg Haider höchst erfolgreich praktiziert und damit die FPÖ groß gemacht; seither ahmen alle Neurechten das Muster gleichermaßen erfolgreich nach. Haben sie Machtpositionen erobert, übersetzen sie die Strategie der kalkulierten Grenzüberschreitung in politische Praxis, durch Rechtsbrüche, Nichtbefolgung internationalen Rechts, Angriffe auf Oppositionelle etc. Das ist nach der Machtübernahme durch autokratische Herrscher niemals anders, und es wäre höchst verwunderlich, wenn es in Zukunft jemals anders sein könnte. Es handelt sich um eine Strategie, der die liberale Gegenseite wenig entgegenzusetzen hat, aus Konfliktunfähigkeit, Interessenverstrickungen und einfach deswegen, weil gute Menschen ganz zu Recht denken, so etwas gehöre sich nicht.

Man kann in den klassischen Arbeiten des Soziologen Heinrich Popitz nachlesen, wie solche Prozesse der Machtbildung funktionieren: Ein wesentlicher Aspekt ist, dass liberal, friedlich und egalitär eingestellte Gruppen glauben, dass ihre Gegner so ähnlich ticken wie sie selbst. Das aber erweist sich regelmäßig als Irrtum. Wer Demokratie zerstören will, handelt eben nicht als Demokrat. Er benutzt die – in seinen Augen ohnehin schwachen – Demokraten für seine Zwecke.

Zweitens werden erfolgreiche Angriffe der Neurechten und die damit verbundenen Enttäuschungen und Befürchtungen kognitiv so bearbeitet, dass man sich sofort dem nächsten Ereignis zuwendet, ab dem es »richtig schlimm« werden könnte. Das Motiv, das dieser Übersprungshandlung zugrunde liegt, ist eben das einer einstweiligen Beruhigung: So schlimm ist es nicht, das Schlimmste kann noch abgewendet werden. Die psychische Strategie der einstweiligen Beruhigung führt aber geradewegs in eine nach oben offene Beruhigungsskala, denn es gibt ja immer noch etwas Schlimmeres als das schon eingetretene Schlimme. Das ist höchst irrational und unterminiert Strategien der rechtzeitigen Gegenwehr.

Drittens: Jeder Erfolg der Neurechten stärkt deren Potential der Bündnisbildung. Ein Bündnis zwischen Trump, Putin, Erdogan und Xi Jinping wäre ein Bündnis extrem mächtiger Autokraten, und wir wissen, dass es noch eine ganze Kollektion nicht ganz so mächtiger Autokraten gibt, die auf so ein Bündnis warten. Demgegenüber können die Demokratien nur dann standfest sein, wenn sie die veränderte Machtkonstellation klar erkennen und ihrerseits ihre Kräfte bündeln. Das wiederum können sie nur, wenn sie sich klar und eindeutig und wertebezogen gegenüber den Autokraten positionieren und vor allem ihre wirtschaftlichen Machtmittel einsetzen. Hier schlägt im Übrigen auch die Stunde der transnational operierenden Konzerne, die im eigenen Interesse gut daran täten, alle Verhandlungsmacht daran zu setzen, dass die Offene Gesellschaft als Basis ihres wirtschaftlichen Handelns erhalten bleibt. Wie sagte Popper? »Hören die Menschen auf, für eine offene Gesellschaft zu kämpfen, ist es mit allem vorbei: mit der Freiheit, mit der Demokratie und mit der Marktwirtschaft.«

Viertens: Die Rechtspopulisten haben Pläne, Identitäten und Visionen und verfolgen diese auch. Teile ihres Erfolgs sind der antielitäre Gestus und die negative Identitätskonstruktion: »Wir sind nicht so wie die.« »Die« können, je nachdem, Angehörige der politischen, wirtschaftlichen, kulturellen oder administrativen Eliten oder Flüchtlinge, Roma, Asoziale, Juden, Muslime, »Linksgrünversiffte« sein und nach dieser Abgrenzung mit allen möglichen negativen Attributen versehen werden. Die Skala ist offen; Vorurteile gedeihen am besten dort, wo gar keine Flüchtlinge, Roma, Muslime usw. sind, weshalb Argumentieren gegen Vorurteile nicht hilft. Sie sind ja keine Irrtümer (»ach so, 2035 haben wir nur maximal acht Prozent Muslime. Das ist ja gar keine Islamisierung des Abendlandes. Ups, da hab ich mich wohl getäuscht, danke für den Hinweis«), sondern sie sind selbstdienlich. Menschen haben ihre Vorurteile gern und lassen sie sich nicht wegen ein paar Argumenten nehmen. Und im Übrigen ist das einfachste Orientierungsmittel, das es gibt, gegen Andere zu sein.

Die liberale Gegenseite setzt dem kein Identitätsangebot entgegen, im Gegenteil: Hier wird ohne Unterlass differenziert und beständig danach gesucht, wo irgendjemandem irgendwo ein Anerkennungsdefizit widerfahren könnte oder wer was wo falsch sieht. Während ich dies schreibe, hat die Polizei gerade eine Großrazzia in zehn Bundesländern gegen das Dschihadistennetzwerk »Die wahre Religion« durchgeführt. Die Reaktion der Migrationsbeauftragten Aydan Özoguz: Dies sei ein falsches Signal, man müsse da mit mehr Augenmaß vorgehen. Da denke ich: Das kann doch nicht wahr sein! Mehr Augenmaß gegenüber Dschihadisten! Wer so defensiv und am Ende zynisch mit der Verteidigung der eigenen Werte umgeht und vorsichtshalber schon mal in vorauseilendem Gehorsam allen entgegenkommt, denen man mit der Verteidigung dieser Werte auf die Füße treten könnte, kann seine Werte schlicht nicht verteidigen. Das kann man nur durch eine dezidierte Haltung, die man auch zur Geltung bringt, zum Beispiel eben durch begründete Razzien bei Feinden der rechtsstaatlichen Ordnung.

Fünftens also: Dem Radikalismus der Anderen kann

man nur eigene Pläne, Identitätsangebote, Visionen entgegensetzen: Welches Land, welche Gesellschaft man sein will und was man dafür zu tun bereit ist, muss man sagen. Wenn man die Demokratie bewahren will, muss man eine starke Vision für die Demokratie entwickeln. Und leben.

Sechstens: Sinkendes Systemvertrauen entsteht nicht durch Desinteresse am politischen Gemeinwesen, sondern durch die Fahrlässigkeit und Arroganz von Teilen der gesellschaftlichen Eliten. Wer Hunderttausende Kunden und die Behörden bewusst betrügt und sich dafür Boni in Millionenhöhe bewilligt, zerstört Systemvertrauen. Vertrauen wird auch durch zu große soziale Ungleichheit zerstört, durch ungleiche Bildungschancen, überhaupt durch zu tiefe Ungerechtigkeit. Bei solchen Problemen muss die Debatte für die Offene Gesellschaft ansetzen, und nicht bei den Themen der Neurechten.

Siebtens: Es ist ein Irrtum, dass man immer den »Dialog« brauche, »ins Gespräch kommen«, zuhören« müsse. So was ist meistens gut und manchmal hilfreich, aber sicher nicht dort, wo man es mit Leuten zu tun hat, die die eigene Weltsicht aggressiv gegen absolut jeden verteidigen, der die Dinge anders sieht. Wo Gewalt herbeigeredet, befürwortet, angewendet wird, da hilft nur die Durchsetzung des Rechts, kein Argument.

Wir wissen aus allen Einstellungsuntersuchungen der letzten Jahrzehnte, dass menschenfeindliche Haltungen wie Rassismus, Antisemitismus und Fremdenfeindlichkeit bei etwa einem Fünftel der Bevölkerung moderner Gesellschaften stabil verankert sind. Der Unterschied zu früher besteht heute lediglich darin, dass diese Leute nicht mehr unter sich bleiben, sondern über das Internet und die sogenannten sozialen Netzwerke ihre Auffassungen in die allgemeine Debatte einspielen können. Und dass es zudem mit der AfD eine Partei gibt, die punktgenau dieses menschenfeindliche Weltbild vertritt, aber nicht mit dem Neonazi-Stigma behaftet ist, also wählbar scheint.

Die AfD hat nichts Neues in die Welt gebracht. Sondern nur dem Alten eine Partei bereitgestellt. Allerdings ist die fahrlässige Instrumentalisierung ihrer Radau-Themen hervorragend geeignet, die Begriffe und Behauptungen der Neurechten im öffentlichen Diskurs so zu verbreiten, wie es die AfD allein niemals könnte – in einer hübschen Arbeitsteilung: Die CSU und Teile der CDU bedienen die rassistischen und nationalistischen Bedürfnisse, während von ehemals linker Seite, nämlich von Teilen der SPD und der Linken, die Sozialneid-Karte gespielt wird, um wenigstens auf diese Weise vom vermeintlichen Einstellungswandel im Land zu profitieren. Im Ergebnis popularisieren und normalisieren die einen Rassismus und die anderen Sozialneid und beide bedienen sie Ausgrenzungswünsche.

Die wichtigsten Impulse zur Weiterentwicklung moderner Gesellschaften kamen: nicht aus den Universitäten, nicht aus der Politik und nicht aus der Wirtschaft. Sie kamen aus sozialen Bewegungen. Das Erkämpfen von Arbeitnehmerrechten, die soziale Marktwirtschaft, der Abbau von Diskriminierungen, der ökologische Umbau der Industriegesellschaft waren Ergebnis der

Kämpfe der Arbeiterbewegung, der Bürgerrechtsbewegung, der Frauenbewegung, der Ökobewegung. Sie alle haben unsere Gesellschaft beständig modernisiert und dafür gesorgt, dass man in Deutschland heute in einem der freiesten, reichsten und sichersten Länder der Welt lebt. Kämpfen geht also, nützt meist auch und könnte sogar Spaß machen, oder? Es ist jetzt Zeit für eine ganz neue soziale Bewegung. Sie ist wie alle sozialen Bewegungen für das bessere Leben, heute also: für mehr Demokratie, mehr Gerechtigkeit, mehr Zusammenhalt, mehr Integration. Das ist unser Land! Sagen wir, wie es sein soll!

Regel Nr. 11:

· · · · · · · · · · · · ·

Demokratie gibt es nur, wenn genügend Menschen für sie eintreten.

Weiterbauen am zivilisatorischen Projekt

Ich habe vor vier Jahren einen Artikel im »Spiegel« geschrieben, der mir heute noch um die Ohren gehauen wird. Vor allem von Leuten, die ihn nicht gelesen haben. Er hieß »Das Ende des kleineren Übels. Warum ich nicht mehr wählen gehe.« Die Begründung für meinen Entschluss, erstmals nicht zu wählen, bestand im Wesentlichen darin, dass sich keine der deutschen Parteien, die 2013 über die Fünf-Prozent-Hürde kommen würden, an Fragen der zukunftsfähigen Gestaltung von Gesellschaft interessiert zeigte. Schon damals herrschte seit Jahren eine hektische Politik des Durchwurstelns, die eben ignorierte, dass die Demokratien unter immer größeren Stress durch die Wirkungen von Finanzkrise, Staatsverschuldung, Klimawandel, Ressourcenkampf, Globalisierung der Wirtschaftskreisläufe und einer höchst gefährlichen Kooperation staatlicher Behörden und privater Informationsindustrie zu geraten drohten.

Kurz, so meine Argumentation damals: Die Probleme des 21. Jahrhunderts sehen anders aus als die der europäischen Nachkriegsordnung des 20. Jahrhunderts, und es ist überdeutlich, dass die politischen Eliten bislang kaum darauf reagieren. Stattdessen tun sie so, als existierten keine Gefährdungen unseres Gesellschaftsmodells und als ließen sich die wenigen Probleme, die sie als solche anerkennen, mit genau jenen Lösungsstrategien bewältigen, mit denen man früher schon gut gefahren ist. Aber die radikale Generationenungerechtigkeit, die Entdemokratisierung, die wie in Ungarn oder Rumänien (und heute in Polen) durch Regierungshandeln stattfindet und global durch die schleichende Selbstermächtigung von Überwachungsdiensten und Unternehmen wie Google und Facebook, werden sich kaum mit den erprobten Verfahren der Nachkriegsdemokratien bekämpfen lassen. Und wirtschaftspolitisch ist das von allen Parteien vorgetragene Mantra des Wachstums als einzig seligmachender Lösung der Gegenwartsprobleme eine intellektuelle Zumutung und ein ökologisches Desaster.

Dieser Essay wurde sofort als »Aufruf zum Wahlboykott« verstanden und zog entsprechend viele Gegenmeinungen auf sich. Aus der Politik kamen viele Reaktionen, die sich vor allem darin ergingen, die Nicht-Wählergruppen einzuordnen, nämlich in zwei Kategorien: in sozial und mental abgehängte RTL2-Zuschauer, die an Politik nicht interessiert seien, und – gewissermaßen am entgegengesetzten Ende des gesellschaftlichen Spektrums – in eine irgendwie schnöselige Intellektuellenkaste, die mit den Politikangeboten der Parteien nichts anderes anzufangen wisse als daran herumzunörgeln. Damit schienen die inhaltlichen Kritikpunkte abgehakt. Aus der Publizistik kamen deutlich interessantere Einlassungen, es gab Artikel, die die Differenzen zwischen den Parteien ebenso unterstrichen wie die Tatsache, dass das allgemeine Wahlrecht historisch teuer erkämpft und weltweit keineswegs überall erreicht sei. Und es gab auch Beiträge, die sich mit den postdemokratischen Defiziten der heutigen Parteiendemokratie auseinandersetzten, am Ende aber gleichwohl für die bürgerliche Pflicht des Wählens plädierten. Kurz: Es entspann sich, je näher der Wahltermin rückte, eine desto intensivere Debatte darüber, ob demokratische Teilhabe sich darauf beschränke, eben alle vier Jahre sein Kreuzchen zu machen, oder ob Demokratie nicht vor allem in der Vitalität eines politischen Gemeinwesens bestehe, in dem die Bürgerinnen und Bürger nicht passive Konsumenten von Politikangeboten oder gar von Politikfolklore (»Wir müssen die Menschen mitnehmen!«) sind, sondern die öffentlichen Angelegenheiten als ihre eigenen begreifen.

Etwa zwei Wochen vor dem Wahltag hatte ich den Eindruck, dass diese Debatte zur Erhöhung der Wahlbeteiligung beitragen würde, was auch genau so eintrat. Da konnte ich ebenso gut wählen gehen und mein Kreuzchen wiederum beim »kleinsten Übel« machen.

Übrigens hatte ich damals ausdrücklich geschrieben, dass alle meine Erwägungen nur unter der Voraussetzung sinnvoll seien, dass es nichts zu verhindern gelte, namentlich eine neurechte Partei, die grundsätzliche zivilisatorische Errungenschaften wie Gleichheits- und Gerechtigkeitsstandards, Freiheitsrechte oder gar die Demokratie selbst zur Disposition stellt.

Diese Situation haben wir heute, weshalb ich einen solchen Text auch nicht mehr schreiben würde – aber leider hatte ich damals inhaltlich in allen Punkten recht, und unsere heutigen Probleme haben viel damit zu tun.

Denn noch immer zeigen sich die etablierten Parteien inklusive der Grünen und der Linken als unfähig, eine Politik für das 21. Jahrhundert zu denken. Anstatt realistische und unrealistische Visionen zu entwickeln, Horizonte für eine zukunftsfähige Politik zu skizzieren, beschränken sie sich entweder auf ein rituelles Dagegensein (wie die Opposition und absurderweise auch Teile der Regierung – gegen sich selbst?) oder auf das Vorbeten der Rezepte aus vergangenen Zeiten, als das Wachstum noch geholfen hat.

Beides macht es den Neurechten leicht, »die da oben«, das »Establishment«, die »Lügenpresse« zu attackieren, schwimmen sie doch in der Kultur des Dagegenseins mit und surfen lediglich auf der Skandalwelle etwas höher als die anderen. Und die hilflosen bis willfährigen Übernahmen der rechten Themen durch die etablierten Parteien verstärken einmal mehr den Eindruck, dass sie selbst auch nicht mehr weiter wissen. Man nehme nur mal den Überbietungswettbewerb, den die christlichen Parteien und die SPD nach dem Anschlag auf dem Berliner Weihnachtsmarkt starteten: Mehr Sicherheit durch mehr Überwachungskameras, schnellere Abschiebung von »Gefährdern«, die Einrichtung von speziellen Abschiebehaftanstalten, die (auch an dieser Stelle höchst originelle) bessere Sicherung der Außengrenzen blablabla. Keine einzige der hektisch herbeigezogenen Maßnahmen hätte diesen Anschlag verhindert. Was ihn übrigens weniger verheerend hat ausfallen lassen als den Lastwagenanschlag von Nizza war das automatische Notfall-Bremssystem, mit dem der Anschlags-Truck von Berlin ausgestattet war, was der Attentäter nicht einkalkuliert hatte. Aber noch bevor das und überhaupt der genaue Hergang und die Verursacher des Attentats bekannt wurden, ergingen sich schon alle in ihrem Überbietungswettbewerb, der nur ein einziges Ergebnis hat und haben kann: nämlich zu der Politik der Angst beizutragen, dem ureigenen Politikfeld der Neurechten.

Dasselbe gilt für das weite Feld der Flüchtlingspolitik: Anstatt zu kommunizieren, dass das Zusammenspiel von Verwaltung und Ehrenamt die sogenannte Krise binnen Jahresfrist in sehr geordnete Bahnen geleitet hat und dass »Integration« im Übrigen ein Vorgang ist, der Jahrzehnte dauert und nicht Wochen oder Monate, erging man sich auch hier in wechselseitigen Vorwürfen, bis hin zu einer wochenlangen Debatte darüber, ob die Bundeskanzlerin nun »Wir schaffen das!« hat sagen dürfen oder nicht. Wie doof kann man sein? Nämlich nicht zu bemerken, dass man über absolut nebensächliche Dinge streitet und mit all dem die Politik der Neurechten befördert. Und darüber komplett zu vergessen, dass es durchaus Dinge gibt, über die sich zu streiten lohnt. Und die tatsächlich etwas mit Zukunft zu tun haben. Also dass es tatsächlich Themen gibt, die *nicht* von den unmaßgeblichen Rechten vorgegeben werden und denen dann alle anderen wie die Pawlow'schen Hunde hinterherhecheln. Zum Beispiel:

- Die katastrophalen Folgen der neoliberalen Politik für den inneren Zusammenhalt der Gesellschaft. Es ist mit Händen zu greifen, wie die Deklassierung großer Bevölkerungsgruppen durch vermehrte Armut und vor allem Kinderarmut, Prekarisierung von Arbeit, Rückgang von sozialem Wohnungsbau usw. bei gleichzeitigem Reicherwerden der Superreichen Systemvertrauen und Zusammenhalt nachhaltig zerstört hat. Maßnahmen dagegen wären: die Einführung eines bedingungslosen Grundeinkommens, massive Investitionen in den sozialen Wohnungsbau und in das Bildungssystem.

- Die gleichermaßen und besonders für eine moderne Gesellschaft völlig inakzeptable Bildungsungleichheit. Wie man zugleich ohne Unterlass von Innovationen, Start-ups und Industrie 4.0 schwafeln kann, ohne Chancengleichheit im Bildungssystem herzustellen, bleibt ein ungelöstes Rätsel deutscher Bildungspolitik, von den Irrsinnigkeiten verkürzter Schulzeiten und ähnlichem noch ganz abgesehen. Ein Zukunftsthema: bitte alle Bildungsinstitutionen von der Grundschule bis zur Volkshochschule anständig ausstatten und mal ein paar Jahre von Reformen verschonen. Dann wird das wieder.

- Die Existenz von schlecht integrierten Personengruppen. Dabei spreche ich nicht nur von stadtteilspezifischen Parallelgesellschaften krimineller Familienclans, wie sie nicht nur in Berlin, Dortmund oder Duisburg unhaltbare Zustände geschaffen haben. Sondern auch von manchen Managern von Großunternehmern, die sich vollständig von Werten des Gemeinwohls abgekoppelt haben und sich in keiner Weise den moralischen Grundvoraussetzungen der Gesellschaft verpflichtet fühlen. Beide schlecht integrierte Personengruppen, von albanischen Schutzgelderpressern bis zu korrupten Fifa-Funktionären und betrügerischen VW-Managern, zerstören Systemvertrauen. Ihr Verhalten muss von der Politik viel stärker bekämpft werden als bisher.

- Lobbyismus. Bevor die Strategie von Donald Trump Schule macht, den Lobbyismus zu sparen und die Regierung direkt mit Wirtschaftsleuten zu besetzen, gilt es hierzulande, dem ausufernden Lobbyismus strikte Schranken zu weisen: durch erhöhte Transparenz, durch viel längere Karenzzeiten, die zwischen einem politischen Amt und der Aufnahme einer Tätigkeit in einem Wirtschaftsunternehmen liegen u. a. m. Es kann nicht angehen, dass »Lobbyist« eine Berufsbezeichnung ist, die auf Visitenkarten gedruckt und gern vorgezeigt wird. Das ist in einer Demokratie obszön.

- Nachhaltigkeitspolitik. Noch immer hat die Ökonomie Vorrang vor allem. Die zerstörerischen Folgen des fortgesetzten Wirtschaftswachstums, übrigens nicht zuletzt eine Hauptursache der wachsenden Flüchtlingszahlen, müssen endlich nicht nur symbolisch bekämpft, sondern durch Verringerung von Verbrauch, also von Hyperkonsum jeglicher Art abgebremst werden. Wir brauchen keine größeren Autos und Kreuzfahrtschiffe und Kühlschränke, nicht mehr Straßen, Reisen und Apps, sondern mehr Sinn. Dafür braucht man genau die Zeit, die von dem ganzen Hyperkonsumquatsch aufgefressen wird. Lassen Sie uns für eine nachhaltige Republik kämpfen.

- Klimapolitik. Wir brauchen ein schnelles Umsteuern, CO_2-Kosmetik nützt nichts. Wirksame Maßnahmen wären eine CO_2-Steuer, ein weltweites Aufforstungsprogramm, die Einrichtung eines Fonds für entsprechende Maßnahmen, der aus einer drastischen Erbschaftssteuer finanziert wird. Ohne die präventiven Wirkungen eines gebremsten Klimawandels sind die vielzitierten »Fluchtursachen« nicht zu bekämpfen. Klimapolitik ist Flüchtlingspolitik.

- Sicherheitspolitik. Preisfrage: Wenn für die Sicherheit der Teilnehmer der jährlichen Sicherheitskonferenz in München, wo die führenden Sicherheitspolitiker und -experten aus der ganzen Welt zusammenkommen, 40 000 Polizisten benötigt werden: Machen dann diese Sicherheitspolitiker und -experten einen guten oder einen schlechten Job? Eben.

- Freiheitspolitik. Die Offenen Gesellschaften sind die sichersten Gesellschaften, die es jemals in der Menschheitsgeschichte gegeben hat. Der Grund ist einfach: Gewaltenteilung und ein immer weiterer Rückgang des direkten Gewaltgebrauchs in modernen Gesellschaften – im Alltag, in der Erziehung, in den Institutionen, im Strafvollzug usw. Nirgendwo gibt es weniger Menschen, die eines gewaltsamen Todes sterben, als in modernen Rechtsstaaten. Der Grund: Ihre Sicherheit hängt nicht von der Willkür der Herrschenden und ihrer Macht ab. Niemand darf Sie ungestraft angreifen. Solange Menschen keine persönliche Sicherheit haben, sind sie nicht frei, sondern von der Willkür anderer abhängig. Freiheit und Sicherheit bedingen einander, sie sind, ganz anders als Sicherheitspolitiker glauben machen wollen, keine Widersprüche. Und die Geschichte zeigt: Je freier eine Gesellschaft ist, desto sicherer leben ihre Mitglieder. Je sicherer eine Gesellschaft ist, desto freier können ihre Mitglieder leben. Warum schreibt sich keine Partei die Sicherung der Freiheit auf ihre Fahne und macht damit Wahlkampf?

- Überwachung, smarte Diktatur. Demokratie ist nicht nur durch die neurechten Menschenfeinde gefährdet, sondern auch durch die viel freundlicher daherkommenden Segnungen der digitalen Wirtschaft. Von Tag zu Tag werden mehr Reste verbliebener Privatheit abgeschafft, immer noch mehr Kameras werden gefordert, inzwischen fliegen private Drohnen durch die Gegend und greifen das Recht auf informationelle Selbstbestimmung genauso an wie die allgegenwärtigen action-cams. Welche Partei tritt für die Bewahrung von Privatheit als Grundvoraussetzung für den demokratischen Rechtsstaat ein?

Ja, Sie haben völlig recht. Das sind meine persönlichen politischen Optionen, das steht auf meiner Zukunftsagenda. Ihre wird möglicherweise völlig anders aussehen. Ich setze auch nicht voraus, dass meine Optionen mehrheitsfähig sind; ich werde trotzdem für sie kämpfen. Denn ich gehe davon aus, dass es nach wie vor mehrheitsfähig ist, dass wir eine Gesellschaft haben, in der um die besten Lösungen gestritten und gekämpft wird. Ich möchte genauso wenig wie Sie, dass mir irgendjemand vorschreibt, was er oder seine Experten oder die Vogonen oder wer auch immer für richtig hält. Ich will frei sein und für diese Freiheit Verantwortung tragen. Sie auch? Auf diesen Nenner können wir uns einigen.

Und dieser gemeinsame Nenner bedeutet im ersten Schritt vor allem eines: wählen gehen! Gerade unter jungen Menschen führt die Zukunftslosigkeit der etablierten Politikangebote zu einer inhaltlichen Distanz, die dann als Begründung dient, nicht wählen zu gehen. Das kann ich verstehen, aber jetzt geht es darum, dass diejenigen, die für die Offene Gesellschaft, für Demokratie und Freiheit eintreten, gestärkt werden – mit Stimmen, gegen die Menschenfeinde. Daraus folgt auch gleich eine Frage an die Kandidatinnen und Kandidaten, die man, wo immer es geht, stellen sollte: Wie halten Sie es denn mit der Offenen Gesellschaft? Haben Sie da eine klare Haltung, oder schielen Sie lieber auf Umfragen? Oder zündeln Sie womöglich mit den Themen der Neurechten, wenn es gerade nützlich scheint?

Regel Nr. 12:
. . . .

Wählen ist das Minimum.
Aber es gibt viel mehr zu tun.
Wir schaffen das.

Was wir tun können,
um die Mehrheit zu bleiben

An vielen Stellen dieses Buches ging es um den Mangel an positiver Berichterstattung über das, was gut läuft in der Offenen Gesellschaft. Ein faszinierend gut laufender Aspekt in unserem Land ist das Ehrenamt. Hinter diesem etwas altmodischen Namen für unbezahltes Engagement verbergen sich Mitgliedschaften bei der freiwilligen Feuerwehr, beim Roten Kreuz genauso wie bei Greenpeace, Amnesty International, beim NaBu und beim BUND. Bei den Landfrauen und beim Technischen Hilfswerk, in der Obdachlosen- und Flüchtlingshilfe, in den Kirchen und so weiter und so fort. Es umfasst Ruheständler, die in Schulen aushelfen oder in der Entwicklungszusammenarbeit in Afrika tätig sind, Schülergruppen, die mit Flüchtlingen Fußball spielen, all die jungen Leute in den Freiwilligendiensten – eine endlose Aufzählung, die irgendwo zwischen sagenhaften 35 bis 40 Prozent der Bevölkerung endet, die irgendetwas für andere tun. Besonders das zahlenmäßig gigantische Engagement für die Flüchtlinge hat gezeigt, dass es diese Leute sind, die das Land zusammenhalten: eine Antithese zu der radikalen Vereinzelungsgesellschaft, die der Neoliberalismus anstrebt.

Man stelle sich nur mal vor, das gäbe es alles nicht und die Welt sähe so aus, wie, sagen wir, die Postbank (»Unterm Strich zähl ich!«), Amazon und Airbnb sich das vorstellen. Das wäre eine Welt, in der nur der eigene Vorteil gilt und das auch stolz gesagt wird, in der Konsumbedürfnisse schon befriedigt werden, bevor man überhaupt noch nachdenken konnte, in der das Arbeitsrecht als ein Relikt aus dem 20. Jahrhundert betrachtet wird und in der jede Gelegenheit des Alltagslebens genutzt wird, um daraus ein Geschäft zu machen. Das wäre natürlich eine Welt ohne jeden sozialen Zusammenhalt, und weil die Möglichkeiten der Einzelnen ungleich verteilt sind, eine Welt, in der ausschließlich das Recht der Stärkeren durchsetzbar ist. Das ist nicht unsere Welt, und auch, wenn es in den vergangenen drei Jahrzehnten intensive Bemühungen gegeben hat, die Gesellschaft in diese Richtung zu bewegen: geklappt hat es ja nicht.

Das heißt, die Kräfte des Zusammenhalts sind möglicherweise viel stärker, als es uns im täglichen Blick auf die Katastrophen der Welt erscheint. Und wenn man diese Perspektive mal verändern und zeigen würde, was warum gut und vor allem besser läuft als vor 50 oder hundert Jahren, dann würde daraus auch eine Ermutigung für alle diejenigen resultieren, denen zwar dauernd eingeredet wird, dass »man ja nichts machen kann«, die das aber immer noch nicht glauben.

Also: Ja, man kann eine Menge machen. Unendlich viele Menschen zeigen das, und noch vielen mehr würde es gut tun zu wissen, dass sie mit ihrer Ansicht, dass das Leben in unserer Gesellschaft doch eigentlich gut ist, nicht allein dastehen. Der durch die Medien und die antisozialen Netzwerke vermittelte Eindruck, man schlittere unkontrolliert von einer Katastrophe ins nächste Debakel, ist das eine, das damit verbundene Gefühl der Entmächtigung das andere. Deshalb ist es gut, wenn man Orte hat oder schafft, wo man sich austauschen und vergewissern kann, dass man mit seiner eigentlich positiven und entspannten Weltsicht gar nicht allein ist. Ein paar Freunde und ich haben im Winter 2015 etwas sehr Einfaches gestartet, nämlich eine Debattenreihe zum Thema »Welches Land wollen wir sein?«

Diese Debatten waren das Gegenteil von Talkshows, in denen man passiv konsumiert, wie Leute mit vorab feststehenden Positionen sich rituell die Köpfe einschlagen; es waren – zum Teil sehr große – Veranstaltungen, in denen es im eigentlichen Sinn kein Publikum gab, sondern viele Menschen, die sich öffentlich darüber austauschten, was sie gerade in Bezug auf ihr Land beschäftigte. Inzwischen haben mehr als 10 000 Menschen an diesen Debatten teilgenommen, es gibt sie mittlerweile auch in der Schweiz und in Österreich, und siehe da: Wie man dort, in Anwesenheit hunderter anderer Personen, spricht, ist ganz anders als die Hysterie, die Hetze, die Erregtheit im Netz glauben machen würde. Unaufgeregt, aber emotional, sachlich, aber nicht expertokratisch, aus erster Hand, nicht aus zweiter oder dritter. Analoge Debatten haben einen großen Vorteil gegenüber digitaler Kommunikation: Man muss sich zeigen, die Teilnehmerinnen und Teilnehmer stellen sich vor, und man muss nach Möglichkeit belastbare Argumente haben und kann nicht, wie im Netz, irgendeinen Quatsch behaupten. Denn in der analogen Welt

Welches Land wollen wir sein? 6.12.2015 in Frankfurt am Main.
Foto: Jessica Schäfer

ist mit Sicherheit jemand da, der dem Quatsch sofort widersprechen würde. Deshalb geht es in diesen Debatten erstens sehr zivilisiert zu und zweitens so gar nicht »postfaktisch«, dafür existiert kein sozialer Raum. Woraus man lernt: Die Lüge hat ihren natürlichen Lebensraum in der virtuellen Welt, was ja auch kein Wunder ist, denn dort ist ja nichts real. Im Unterschied zu einem Saal voller echter Menschen.

Weil diese Debattenreihe so spannend und so erfolgreich ist, sich die politische Kommunikation im Land aber zugleich weiter zugunsten der Dauerregten und neurechten Hysteriker verschob, haben wir dann im vergangenen September die »Initiative Offene Gesellschaft« gegründet, die bis zur Bundestagswahl eine Kampagne *für* unsere Form von Gesellschaft macht, und zwar eine, die wiederum vor allem analog vorgeht: Wir schaffen

So wird es gewesen sein. 17.6., der »Dafür«-Tag.   Foto: Joachim Stockert

eine Bewegung, die viele Gelegenheiten und Orte hat, wo man zusammenkommen kann, um sich gemeinsam für die Bewahrung von Freiheit und Demokratie einzusetzen. Das können eben die Debatten sein, aber auch gemeinsame Essenstafeln, Flashmobs, Lesungen, Poetry slams, Demonstrationen, Festivals, was auch immer. Wir haben schon zweihundert im ganzen Bundesgebiet zusammen, und jeden Tag werden es mehr. Wir werden den 17. Juni zum »Tag der Offenen Gesellschaft« machen: Überall werden Menschen wie Sie, Schulen und Unternehmen und Institutionen Tische und Stühle herausrücken, und Nachbarn und Freunde einladen – eine lustvolle Demonstration für die Offenheit. Sie können da mitmachen, aber auch eigene Aktionen planen und bei uns anmelden. Sie können bei uns auch ein »toolkit« bekommen, das ist neudeutsch für eine Gebrauchsanweisung, wie man am besten welche Veranstaltung macht. Sie können, durch eine großzügige Förderung der Robert-Bosch-Stiftung, sogar Geld für die Durchführung einer Veranstaltung bekommen, wenn Sie das beantragen. Sie können einen Videofilm für die Offene Gesellschaft drehen, einen Song schreiben, ein Konzert oder ein Festival veranstalten, und wenn Sie alles das

 sowieso schon tun, dann können Sie Ihre Veranstaltungen unter das Motto »Die Offene Gesellschaft« stellen.

Sie können auch Freundin oder Freund der Offenen Gesellschaft werden, was gut ist, weil – wie gesagt – zum Beispiel die Weimarer Republik nicht an zu vielen

Feinden gescheitert ist, sondern daran, dass es zu wenig Freundinnen und Freunde gab, die für sie rechtzeitig eingetreten sind. Gehen Sie einfach auf unsere Seite www.die-offene-gesellschaft.de, da sehen Sie schon ein paar tausend Leute, die mit Ihnen viel gemeinsam haben, zum Beispiel, dass sie weiterhin ein offenes, demokratisches, freies Land haben und sein wollen. Und wenn Sie Inspiration haben wollen, was man so alles tun kann in diesem Land, dann schauen Sie mal, nur so zum Beispiel und ganz unvollständig, vorbei bei Gesicht zeigen, Bewegungsstiftung, Abgeordnetenwatch, Parkingday, Bürgerradio Radio Lotte, Openberlin – Plattform für partizipative Stadtentwicklung, Next Hamburg, Flussbad Berlin, Campact, Attac, No Hate Speech, Dehnungsfuge, syn:format, Netz gegen Nazis, Sozialhelden, Ufuq – Wie wollen wir leben? Peng! Collective, Agentur La Loma, Agentur Salz&Honig, Oya, Bernadette La Hengst, Tocotronic, Ilija Trojanow, Milo Rau, Adrienne Göhler, Atelier mc, Agentur Mutter, Agentur Linienland, Magazin Restkultur, Miguel Escosa Jung, Front der Deutschen Äpfel, Gesellschaftsbilder, Multaka, RLF, Haus Bartleby, Magdas Hotel, Über den Tellerand kochen, Museumsguides, Cucula, Schlauschule, Van Bo Le Mentzel, The Silent University, Yesil Cember, Habibi Almani, Strom & Wasser, Kiron University, Salaam-Schalom, Be an Angel e. V., Rromani Phen, Flucht und Asyl der Schwarzkopf Stiftung, i Slam, Schule ohne Rassismus, ROC – Refugee Open Cities, Start with a Friend, Ecofavela Lampedusa Nord / Theater Kampnagel, Grandhotel Cosmopolis, Bike Aid, NOURenergie, wefugees – Community without borders, Migration Hub, SINGA Deutschland, DeutschPlus – Initiative für eine plurale Republik, Welcome United 03, Babelsberg 03, Futurzwei, Forum für Verantwortung, Robert-Bosch-Stiftung, Volkswagen-Stiftung, Bertelsmann-Stiftung, Software-AG-Stiftung, Gerda-Henkel-Stiftung, Vodafone-Stiftung, adelphi-research, Archiv der Zukunft, Diakonie, Caritas, Amnesty International, Greenpeace, Misereor, Terres des hommes, Brot für die Welt, Openstate, POC21, Rat für Nachhaltige Entwicklung, Wuppertal-Institut, Impuls Agentur für angewandte Utopien, MeinGrundeinkommen, #ausnahmslos, Die Gärtnerei, Opennet, Rostock, freiLand, Junges Islam Konferenz, Junge Offene Gesellschaft, Mietshäusersyndikat, ZwischenZeitZentrale, foodsharing, Verschenkmarkt Oldenburg, GLS Bank, Prinzessinnengärten, Kölner Neuland, Quartiermeister, Jack in the Box, anstiftung & ertomis, Project Re:start, Initiative Haus der Statistik, Bunter Wind für Lichtenberg, Netzwerk n, Netzwerk Wachstumswende, Foodwatch, GEA, EWS, beeta, Zirkus Waldoni, 100ee Regionen, Lemonaid, Viva con Aqua, Refugee Open Cities, Wir machen das, Willkommen in Schmerwitz, Hello Festival, Stadt Land Beides, Betterplace.org, Wir haben es satt!, profamilia e. V., Humanistischer Verband, WWOOF, Degrowth in Bewegung(en), Transition Towns, bordermonitoring.eu, AWO, Netzwerk Grundeinkommen, BUND Naturschutz, Pluralowatch, Seenotretter, Global Ecovillage Network, Ciocia Basia, Orienthelfer und und und – dann fällt Ihnen schon was ein. Ich bin jedenfalls gespannt auf Ihren Beitrag!

Ach so: Das eben war nur eine kleine Zusammenstellung von Menschen und Organisationen, die unser Land besser machen. Es gibt noch sehr, sehr viel mehr. Aber versuchen Sie mal zusammenzukriegen, wieviel konstruktive Beiträge zu unserer Gesellschaft es von Seiten der Neurechten und Menschenfeinde gibt. Stellen wir denen doch einfach mal die Frage: Was habt Ihr eigentlich vorzuweisen? Was könnt Ihr denn so? Ich meine: außer schlechte Laune verbreiten und Leute aufhetzen. Sagt doch mal, wir sind sehr gespannt!

Was übrigens bei all dem deutlich wird: Die schlechte Laune lassen wir den Neurechten, den Seehofers und allen anderen, die unser Land in ein Museum der Aversion gegen alles Neue und Offene und Andere zurückverwandeln wollen. Das wird nicht gelingen, denn, liebe Zeitreisende nach Gestern, liebe Menschenfeinde und Starkerregte, dies ist unser Land, nicht Eures.

Regel Nr. 13:
· · · · · · · · · · · · · ·

Dies ist unser Land.
Und wir sind die Mehrheit.

Danksagung

Dieses Buch gäbe es nicht ohne die Initiative Offene Gesellschaft, die Alexander Carius, Andre Wilkens und Stefan Wegner zusammen mit mir im letzten Jahr gegründet haben. Viele Ideen, die ich hier aufgeschrieben habe, sind im Rahmen dieser Initiative entstanden, was aber natürlich nicht heißt, dass ich nicht für jeden Satz und jedes Argument, die Kritik auf sich ziehen werden, selbst verantwortlich wäre. Meine Auffassungen sind sicher nicht an jeder Stelle mehrheitsfähig, nicht einmal in unserer eigenen Offene-Gesellschaft-Gemeinde, aber das kann und soll in einer Offenen Gesellschaft ja auch gar nicht anders sein. Dankbar bin ich Neela Janssen und Lena Kaupmann für ihre stete Unterstützung bei Recherchen genauso wie dem ganzen Team von FUTURZWEI für den Spirit. Sehr glücklich bin ich über die Tausende von Freundinnen und Freunde, die bei uns schon mitmachen und Gesicht zeigen. Und zu danken habe ich, wie immer, dem Team bei S. Fischer, mit dem es wieder ein Vergnügen war, zusammenzuarbeiten: Heidi Borhau, Nina Sillem, Peter Sillem und Alexander Roesler. Let's make Democracy great again!

Harald Welzer, im Januar 2017

Quellennachweise

Einige der hier formulierten Gedanken habe ich auch schon an anderer Stelle geäußert, in der Reihenfolge der Argumente hier finden sich gleiche oder ähnliche Überlegungen auch in:

www.zeit.de/2016/50/donald-trumps-erfolg-gruende-waehler-analyse-soziale-ungerechtigkeit

NIDO, »Wenn es einfach wär, könnten es ja auch die Anderen machen! Brief an die Kinder« http://www.stern.de/nido/-wenn-es--einfach-waere---koennten--es-ja-auch-die-andern--machen---7252852.html

Philosophie Magazin 2/2017, »Identitätspolitik – Krankheit oder Kur?«

Spiegel online: http://www.spiegel.de/kultur/gesellschaft/debatte-um-rechtsruckwir-sind-s-die-mehrheit-harald-welzer-a-1112961.html

Handelsblatt, 8. 9. 2016. »Wenn es brennt, Ruhe bewahren!«

Literatur

S. 15: Friedrich-Ebert-Stiftung (Hg.): Gespaltene Mitte –
Feindselige Zustände. München 2016;
http://www.fes-gegen-rechtsextremismus.de/pdf_16/
Gespaltene%20Mitte_Feindselige%20Zustände.pdf

S. 25 ff.: Karl Popper: Die Paradoxien der Souveränität (1945).
S. 309 – 315, in: David Miller (Hg.): Karl Popper Lesebuch.
Tübingen 2015.

S. 55 ff.: Harald Welzer: Täter. Wie aus ganz normalen
Menschen Massenmörder werden. Frankfurt am Main 2005.

S. 57: Eric Johnson & Karl-Heinz Reuband: What we knew.
Terror, Mass Murder and Everyday Life in Nazi Germany.
London 2005, S. 349 – 357.

S. 58: Saul Friedländer: Das Dritte Reich und die Juden.
Die Jahre der Verfolgung. München 1998, S. 49 ff.

S. 59: Alex Bruns-Wüstefeld: Lohnende Geschäfte. Die »Entju-
dung« am Beispiel Göttingens. Hannover 1997, S. 69.

S. 82: Ralf Dahrendorf in: Die Zeit, www.zeit.de/1997/47/
thema.txt.19971114.xml.

S. 102: Zum Beispiel: https://www.uni-bielefeld.de/ikg/
Handout_Fassung_Montag_1212.pd.

S. 112: Klaus Wiegandt (Hg.): Mut zur Nachhaltigkeit. 12 Wege
in die Zukunft. Frankfurt am Main 2016.

Alexander Carius, Harald Welzer
und Andre Wilkens (Hg.)
Die offene Gesellschaft und ihre Freunde
Untertitel, Untertitel und Untertitel
Roman
Band 29771

Ausgewählte Beiträge der Freunde der offenen Gesellschaft:
Essays u. a. von Alexander Carius, Tanja Dückers,
Richard David Precht, Milo Rau, Ingo Schulze,
Harald Welzer, Ilija Trojanow und Andre Wilkens.

Und die Debatte geht weiter!
Termine unter: www.die-offene-gesellschaft.de

Das gesamte Programm gibt es unter
www.fischerverlage.de